Keceng Shichang huo Huqian

——Shehui Fuwu Xiangmuzhi Shijiaoxia de Zhengfu yu Shehui Zuzhi Guanxi Yanjiu

贾晶晶 著

科层、市场或互嵌

——社会服务项目制视角下的政府与社会组织关系研究

中国财经出版传媒集团
中国财政经济出版社

图书在版编目（CIP）数据

科层、市场或互嵌：社会服务项目制视角下的政府与社会组织关系研究／贾晶晶著. --北京：中国财政经济出版社，2021.10

ISBN 978-7-5223-0766-4

Ⅰ. ①科… Ⅱ. ①贾… Ⅲ. ①国家行政机关-关系-社会组织-研究-中国 Ⅳ. ①D630.1②C912.21

中国版本图书馆 CIP 数据核字（2021）第 183956 号

责任编辑：马　真　　　　责任校对：张　凡
封面设计：卜建辰　　　　责任印制：党　辉

中国财政经济出版社 出版

URL：http：//www.cfeph.cn

E-mail：cfeph@cfeph.cn

社址：北京市海淀区阜成路甲 28 号　邮政编码：100142

营销中心电话：010-88191522

天猫网店：中国财政经济出版社旗舰店

网址：https：//zgczjjcbs.tmall.com

北京财经印刷厂印刷　各地新华书店经销

成品尺寸：170mm×240mm　16 开　14 印张　203 000 字

2021 年 10 月第 1 版　2021 年 10 月北京第 1 次印刷

定价：62.00 元

ISBN 978-7-5223-0766-4

（图书出现印装问题，本社负责调换，电话：010-88190548）

本社质量投诉电话：010-88190744

打击盗版举报热线：010-88191661　QQ：2242791300

本书由广东外语外贸大学　广东省社会组织研究中心资助出版

本成果系广东省普通高校重点科研项目青年创新人才类项目（社会服务项目制下基层政府的行为逻辑及其矫正研究，2018WQNCX033）的阶段性研究成果

目　录

第一章

导　论

第一节　研究背景与问题的提出

公共服务供给是政府的重要职能之一。计划经济时期，单位制作为一种整合社会资源的形式，控制了社会中几乎所有的组织形态，这种高度集权的治理体制构成了一种“总体性治理格局”①。国家通过单位将社会所有要素统筹起来，用以实现社会动员、资源控制、社会成员的组织化②。政府的公共服务职能渗透在资源控制的过程中，公共服务以单位的形式配给到社会当中。这种单位制的公共服务供给模式带来的政府与社会的关系体现为政府对社会的总体性控制。随着经济体制改革向纵深深入，政府职能转变与社会治理体制转型已经势在必行。以单位制为主的公共服务供给模式逐渐难以适应新的社会环境，社会服务供给方式发生了根本性转变，原有的集权化逻辑逐渐受到市场化逻辑的冲击。事实上，20 世纪七八十年代以来，随着新自由主义的兴盛与新公共管理运动的开展，世界各国对政府职能进行了重新定位并对政府职能履行的方式进行了重新思考，社会组织更多地参与到由政府主导的公共服务领域中以解决日益增长的财政支出③，合同外包的形式逐渐兴盛。虽然西方国家购买公共服务主要是为了提高服务效率，减少财政支出以解决福利国家危机，而我国情况不同，政府主要通过加大公共服务投入以转变政府职能④，但不可否认的是，这种政府购买公共服务的背景也促使我国各级政府逐渐转变原有的社会治理模式，将政府“做不好”的领域逐步让渡给社会。政府购买公共服务从而逐渐成为

---

① 渠敬东、周飞舟、应星：“从总体性支配到技术治理——基于中国 30 年改革经验的社会学分析”，《中国社会科学》2009 年第 6 期，第 104 - 127 页。

② 渠敬东：“项目制：一种新的国家治理体制”，《中国社会科学》2012 年第 5 期，第 113 - 130 页。

③ Harvey Kapnick, More growth, less government, Journal of Accountancy, 1978, 145 (6): 70.

④ 张汝立、陈书洁：“西方发达国家政府购买社会公共服务的经验和教训”，《中国行政管理》2010 年第 11 期，第 98 - 102 页。

政府提供社会服务的重要模式之一。

一、问题的提出

从1995年上海浦东新区购买上海基督教青年教会的服务开始，各大城市政府掀起了政府购买社会服务的热潮。2011年，《国家基本公共服务体系“十二五”规划》的颁布预示着从顶层推动政府购买社会服务的开始。2012年，国家首次投入2亿元资金用于购买社会公共服务，并于当年3月与11月分别发布《中央财政支持社会组织参与社会服务项目公告》和《关于政府购买社会工作服务的指导意见》，由此，制度化的社会服务项目制供给模式逐渐成为主导。北京、上海、广州、深圳等地为先导，特大型城市政府用于购买社会服务项目的经费不断增加。以广州市为例，从2011年起，随着《关于加快街道家庭综合服务中心建设的实施办法》（穗办〔2011〕22号）的颁布，广州市加快了政府向社会组织购买服务的步伐。2012年，广东省社会工作专业人才队伍建设工作会议在广州召开，会议决定今后广州将在133个街道建设家庭综合服务中心（以下简称“家综”），计划投入2.6亿元。2013年年底，广州市已经在全市成立了155家家庭综合服务中心，今后将持续实现数量的稳步增长。2012—2014年，广州家综持续投入9.65亿元用于政府购买社会服务①。2018年，广州市出台的《广州市社工服务站（家庭综合服务中心）管理办法》将社工服务站（家综）购买服务经费由原来的200万元提高到240万元。2019年，广州市共建成201个社工服务站（家综），投入规模和总量稳居全国前列。

在政府职能转变的过程中，政府与社会的关系也随着社会服务的合同外包发生了变化，国家与社会不再是总体性控制关系，社会逐渐在政府职能转变的过程中生长起来，从“相互排斥的磁斥结构逐渐转变为磁吸、耦合的治理结构”②，学界对政府与社会组织的关系研究随之兴起。其中公民

---

① 刘云：“家综购买服务三年政府投入9.65亿元”，《羊城晚报》，2014年12月20日。

② 陈天祥、高锋：“中国国家治理结构演进路径解析”，《华南师范大学学报（社会科学版）》2014年第4期，第12-22页。

社会理论与法团主义理论是研究中最主要的两大视角①。二者围绕“国家与社会”关系进行争论，但由于我国社会组织力量仍然较为弱小，不论是公民社会理论认为的社会已经可以作为抗衡国家的力量，还是法团主义理论所阐述的目前我国已进入结社状态，均不能完全解释我国社会的现实状况，因此对这二者的争论显然没有实际意义。在此之后，学者们跳出公民社会与法团主义理论争论，进而研究政府与社会组织间的实际运作关系。研究者发现，政府对社会组织实际上是进行分类控制，政府与社会组织的关系呈现出行政吸纳社会的特征②。分类控制为理解政府与社会组织关系提供了一个较为理想的框架，学者们在此基础上提出了行政吸纳服务③、控制与赋权④、利益契合⑤、非正式政治⑥、嵌入式行动主义⑦等概念。这些概念为理解政府与社会组织关系提供了更为细致的视角，但仍没有跳出分类控制的静态描述，同时以上思路均是从政府如何控制社会的角度出发而忽略了社会组织的能动性和自主性。此后，部分学者转而研究社会组织在实际运作中的行为策略，企图从更为微观的视角解释在既有框架下的社会组织应对方式，此类研究有诸如“寄居蟹的艺术”⑧“游走于国家与社会之间”⑨“在资源与制度之间”⑩ 等。这些研究虽然已经开始关注在特定的

---

① 纪莺莺：“当代中国的社会组织：理论视角与经验研究”，《社会学研究》2013 年第 5 期，第 219 – 241 页。

② 康晓光、韩恒：“分类控制：当前中国大陆国家与社会关系研究”，《社会学研究》2005 年第 6 期，第 73 – 89 页。

③ 唐文玉：“行政吸纳服务：中国大陆国家与社会关系的一种新诠释”，《公共管理学报》2010 年第 1 期，第 13 – 19 页。

④ 敬乂嘉：“控制与赋权：中国政府的社会组织发展策略”，《学海》2016 年第 1 期，第 22 – 33 页。

⑤ 江华、张建民、周莹：“利益契合：转型期中国国家与社会关系的一个分析框架——以行业组织政策参与为案例”，《社会学研究》2011 年第 3 期，第 136 – 152 页。

⑥ 张紧跟、庄文嘉：“非正式政治：一个草根 NGO 的行动策略——以广州业主委员会联谊会筹备委员会为例”，《社会学研究》2008 年第 3 期，第 133 – 150 页。

⑦ ［荷］皮特·何、［美］瑞志·安德蒙编，李婵娟译：《嵌入式行动主义在中国：社会运动的机遇与约束》，社会科学文献出版社 2012 年版，第 12 页。

⑧ 邓宁华：“‘寄居蟹的艺术’：体制内社会组织的环境适应策略——对天津市两个省级组织的个案研究”，《公共管理学报》2011 年第 7 期，第 91 – 101 页。

⑨ 陈天祥、徐于琳：“游走于国家与社会之间：草根志愿组织的行动策略——以广州启智队为例”，《中山大学学报》2011 年第 1 期，第 155 – 168 页。

⑩ 和经纬、黄培茹、黄慧：“在资源与制度之间：农民工草根 NGO 的生存策略——以珠三角农民工维权 NGO 为例”，《社会》2009 年第 6 期，第 1 – 21 页。

制度环境下，社会组织在应对政府行为时的行动策略，但缺乏更为宏观的解释框架来说明为何政府会采取较为内部化的合作方式而非竞争性、契约化的行为逻辑，应对这种逻辑，社会组织又表现出何种行为逻辑[①]。

虽然学者们对政府与社会组织的关系进行了理论和实践经验的探索，但政府具有多层级、上下互动、部门互动的特征，政府在公共服务外包中往往是多层级且多部门的。有学者从委托代理理论的视角描述上下级政府在合同外包中不同的行为策略[②]，但没有解释为何层级互动以及多部门互动会对政府与社会组织关系产生影响。事实上，层级的互动会导致各级政府行为策略的差异，部门之间的协调沟通也往往涉及资源的分配与整合。因此，对政府服务外包的研究，不仅涉及政府的行为策略，更涉及政府的治理体制。项目制作为一种新的国家治理体制，是指在分税制以来，中央通过转移支付的方式向下级政府提供资金支持，这种高度动员的治理方式被广泛运用到各层级政府治理中。在政府购买公共服务领域，项目制的运作逻辑依然存在。公共服务合同外包从本质上来说就是一种项目形式，政府通过项目组织和动员下级政府，是一种通过项目的治理。受项目制影响，政府在将社会服务项目外包给社会服务组织的过程中，随项目类型的变化和制度环境的约束而产生出不同的行动策略，社会组织因此也呈现出不同的应对策略。

在 2016 年 6—9 月期间，通过对 F 市 N 区 H 街道的实地调查和参加 30 多个社会服务项目的招投标、实施和评估过程，笔者注意到了一个颇为有趣的现象，在 H 街道新引进的社区项目中，街道政府对项目的影响较小，社会组织可以较为自主地决定项目内容，社区居委积极鼓励项目进社区，政府与社会组织均按照合同来办事。但在 H 街道由上下级政府共同出资的项目中，政府对社会组织的干预比较大，行政命令较多。同时，在另外一些项目中如“社区矫正项目”，政府对其服务的专业性并不在乎，而更关

---

① 吴月：“政社关系的理论谱系与研究前景——以政府购买公共服务为视角”，《广西社会科学》2016 年第 9 期，第 147 - 152 页。

② 陈天祥、郑佳斯：“双重委托代理下的政社关系：政府购买公共服务的新解释框架”，《公共管理学报》2016 年第 3 期，第 36 - 48 页。

注项目对政府本职任务的完成是否有效，因此，在这类项目中社会组织几乎没有自主性。在另外一些创新性项目中，由于引进的社工机构的独特性，社会组织在一定程度上可以“反控制”政府，双方更多时候是以合同外约定来推进项目，看似市场化的项目制供给又回到了类似于科层供给的老路。为何有的项目中政府与社会组织之间趋向于契约关系，体现出一种合同化的趋势，但是在另外一些项目中，政府却对社会组织有着绝对的控制权，呈现出科层化的特点？而且不同的项目类型中政府与社会组织之间的力量对比也大不相同，为何有的项目中政府需要与社会组织合谋，以实现对上级的反控制，而在有的项目中，政府却要对社会组织加以提防，双方呈现出控制与反控制的现象？上述现象背后隐含了什么样的逻辑？为何会出现以上现象？这是本书接下来要讨论和分析的问题。

为了解释以上现象，本书的研究问题也随之而来，基层社会治理已经呈现出一种项目制的治理模式，那么社会服务项目制为何会呈现出科层逻辑与市场逻辑同时存在的特点，与财政领域的项目制有何区别？在公共服务项目制供给下，何种情况下基层政府体现出科层逻辑？何种情况下又偏向于市场逻辑？何种情况下又呈现出科层、市场互嵌的逻辑？基层政府在这种互嵌中表现出了何种行动策略，社会组织对此又采取了何种应对措施？这种社会服务项目制运作的结果会对政府与社会组织各自产生何种影响？通过对以上问题的解答，本书试图呈现出社会服务项目制在科层与市场之间转换、互嵌的逻辑，并分析这种互嵌对政府与社会组织关系带来的影响，以期为拓展理论作贡献。

二、研究意义

（一）理论意义

1. 进一步诠释和拓展项目制理论。目前学术界关于项目制的研究主要集中在项目制如何产生、项目制的运行机制和项目制所带来的消极后果几个方面，项目制在很大程度上已经成为具有一定解释力的理论工具。现有研究对项目制的界定大多以分税制为起源，指出分税制以后，中央政府通过转移支付的方式来调动下级政府的积极性，这种转移支付主要以项目的形式自上而下推行。因此已有对项目制的解释直接对话总体性社会时期的单位制，为解释政府间的层级关系提供了一个新的视角。但已有研究并没有对项目制进行系统的概念化，且项目制早已经溢出财政领域，成为贯通国家与社会的新治理体制。社会服务项目制已然成为政府与社会组织进行合作的桥梁，项目制本身也成为理解我国政府行为逻辑以及重新认识政府与社会关系的重要分析视角。因此，对项目制进行深化与探究具有重要理论意义。本书所探讨的社会服务项目制对政府与社会组织行为逻辑的影响机制是对原有项目制理论的补充和深化，以期从更深层面研究中国政府的内部治理结构和运行机制对政府与社会组织关系的影响。

2. 为政府与社会组织关系研究提供一个新的解释视角。政府与社会组织关系在学术界一直是一个重要的研究主题。关于政府与社会组织的关系研究最初被置于国家与社会的大框架下进行，目前已经积累了较多的研究成果，在公民社会与法团主义理论纷争下，学者们对国家与社会关系进行了深刻的讨论。随着理论对话的加深，分类控制及其衍生视角成为该领域具有本土化意义的分析框架。目前已有相关研究成果基本都在分类控制的框架下展开，认为政府通过多种方式对社会组织实施控制，却没有深入分析政府采取此类行为背后的逻辑。项目制为解释政府行为提供了一个全新的视角，该视角指出基层政府在目标分立的选择性机制、运动式的资源整合和组织动员机制、过程式监管等机制作用下，为提升组织自主性而采取了相应的策略；社会组织为获取各种资源不断地调整应对策略。政府和社会组织双方在不同类型的项目运行中表现出不同的行动逻辑，从而造成不同的政府与社会组织关系形态。本书从社会服务项目制的视角对政府与社会组织关系及其背后逻辑进行阐释，有利于更好地揭示中国情境下的政府购买公共服务项目现状。

3. 对中国情境下的政府与社会组织关系进行剖析，以更好进行理论对话。从政府购买公共服务的角度来看，已有研究大多数集中于引用西方国家合同外包的理论对中国的具体实践进行解释，认为只有加强公共服务外包的竞争性和加强政府合同管理能力才能实现政府与社会组织关系的良性运转。这虽然对进行理论对话有一定的作用，但对解释我国具体情境下的政府与社会组织关系是否适用还需进一步论证。与西方社会不同的是，社会力量还处于早期发展阶段，社会组织是在政府职能转变过程中受政府的扶持和培育而发展和壮大，这说明对我国政府购买服务的研究不能仅仅从西方的理论视角出发，更需要发掘出关乎本土的概念和解释框架。对社会服务合同外包的研究需要从关注如何提升效率和完善合同管理的语境转换到解释政府为何采取非合同化行为的语境中来。本书的研究案例选自具有典型意义的珠三角发达城市，政府购买社会服务项目力度较全国处于领先水平，因而社会服务项目的类型也比较多样化，这为开展中国情境下的政府与社会组织关系研究提供了便利。通过对不同项目类型的比较分析，本书细致描绘了在社会服务项目制下基层政府与社会组织的行为逻辑和由此带来的后果，试图搭建出具有本土化意义的分析框架。

（二）实践意义

1. 进一步厘清政社边界，明确政府与社会组织各自的功能定位。政府与社会组织的关系之所以呈现出现有的状态，主要是因为双方的角色和定位并未从根本上界定清楚。社会服务项目是在基层政府获取绩效合法性和转移职能的过程中产生的，缓和社会矛盾、解决社会治理难题是基层政府推行社会服务项目制的主要目标，这说明政府并未将社会组织当作可以平等合作的社会力量，而是作为政府创新社会治理的帮手。本书通过对项目运行中基层政府与社会组织各自行动策略的分析，有助于进一步明确双方在社会建设中的角色和功能定位。研究表明，目标一致性、资源依赖度和监管嵌入性影响了项目运行中的激励与控制程度，从而造成基层政府游走于科层与市场之间的行动策略。这一结论解释了为何社会服务项目总是呈现实然与应然相悖的现象，为进一步划清政社边界提供了参考。

2. 破解基层公共服务供给困境，更好履行政府的公共服务职能。地方政府创新社会治理的过程中，项目制已经成为基层政府提供公共服务的主要方式。在项目制框架下，政府如何履行公共服务职能、解决公共服务困境考验着政府的治理能力，也关系到广大民众获得公共服务质量的高低。虽然基层政府通过项目形式突破了原有科层体制的碎片化障碍，但在技术理性化的项目运作过程中，基层政府既希望通过严格的考评体系监督社会组织提供的服务质量，又担心完善的招投标系统不在自己的掌控之内，从而难以与自己"心仪"的社会组织合作。本书对政府的这种两难行为做出了解释，并剖析了这种行为背后形成的逻辑，这对于更深刻地理解现有制度环境中上下级政府关系、政府与社会的关系具有积极的作用，为新形势下政府解决基层治理难题提供一定的政策参考，最终更好地履行公共服务职能。

第二节　核心概念界定

一、社会服务项目制

项目（Project）又称计划、方案，本是指对某一阶段的任务进行的努力，它有明确的任务性和目标性。对项目界定最权威的解释源于美国项目管理协会（Project Management Institute，简称 PMI），由其编写的《项目管理知识体系指南》（PMBOK®指南）指出，项目是一种临时性、阶段性的为完成特定服务或任务的努力。因此，项目具有"独特性、复杂性、关联性、目标性、时间期限性、预算性以及按规格说明书执行"[①] 的特点。项目在企业管理中的运用已经非常广泛，企业的项目管理多指将管理项目的机制和方式运用到企业管理中。

社会学、公共管理领域的项目制一词最早由社会学界几位学者提出，是指自分税制以来，国家通过项目的形式进行专项转移支付，这种以项目为依托的治理方式被称之为项目制，它与单位制一样成为我国政府治理体系的重要制度实践，是理解我国政府上下级关系、政府治理体系的重要概

① ［美］罗伯特·K. 威索基著，费琳译：《有效的项目管理：面向传统、敏捷、极限项目》（第5版），电子工业出版社2011年版，第15－17页。

念。已有研究不论是项目制产生还是运行机制，事实上隐含了项目制的内涵，那就是项目制已经超出了其事本主义特性，国家治理通过项目实施确立了新的结构形态①。项目制本身也是一种发包体制，强调自分税制以来在收入集权的条件下，中央政府依靠“条线”来加强对下级政府的控制，强调的是一种“条条”的发包②，这与周黎安提出的“行政发包制”内涵相近，二者均强调在原有的科层体制之内嵌入一个市场化的发包体制，以此来解释我国政府上下级之间的互动关系③。“行政发包制”突出的是一种属地发包，体现出的是“块块”关系。条线的项目发包与块块的行政发包构成了我国政府内部“横向竞争与纵向政府间互倚”的治理格局④。

社会服务项目制本质上也是一种项目制，项目的运行涉及政府间的层级互动，也涉及参与项目的政府与社会组织之间的互动关系。但社会服务项目制更强调项目的社会服务属性。社会服务的长期性与公共性特点决定了社会服务项目制不仅具有项目制的特点，还兼具过程导向特点。社会服务项目制遵循项目的事本主义特征，即通过项目资源的整合与协调，打破原有科层体系的碎片化障碍，以此来集中力量进行社会服务的供给。社会服务项目制不仅具有公共服务合同外包的特点，更具有绩效合法性作用下的行政化色彩。从这个意义上来说，应将社会服务项目制置于政府购买公共服务的大概念中，并突出强调购买的是社会服务而非其他类型的公共服务。

二、政府与社会组织关系

市场失灵论和政府失败论预示着公共服务的供给需要引入社会力量来

---

① 渠敬东：“项目制：一种新的国家治理体制”，《中国社会科学》2012 年第 5 期，第 113 - 130 页。

② 周雪光：“项目制：一个‘控制权’理论视角”，《开放时代》2015 年第 2 期，第 82 - 102 页。

③ 周黎安：《转型中的地方政府：官员激励与治理》，格致出版社和上海人民出版社 2008 年版，第 54 - 66 页。

④ 史普原：“政府组织间的权责配置——兼论‘项目制’”，《社会学研究》2016 年第 2 期，第 123 - 148 页。

提高效率。在此过程中，政府与社会组织之间相互协作并相互独立是二者的理想状态。关于政府与社会组织关系的研究就是探讨在政府购买公共服务过程中政府与社会组织在一定的制度环境下如何互动并如何协作的一系列问题。政府购买公共服务涉及的领域较广，一般公共服务包含“公共工程、公共安全、公共交通、人类健康和社会服务、文化和休闲服务、支持服务、公共设施等类型”①，本书所探讨的主要是社会服务领域的政府与社会组织关系，主要涉及满足公民社会发展活动直接需要的包括教育、科普、卫生、社保、环保以及治安等方面的服务内容②。

政府与社会组织关系中的“政府”一词涉及的内涵较广，不仅包括抽象意义上的行政主体，还包括各层级政府及具体层级政府中的各个部门。本书主要关注的是基层政府及其各部门的行为逻辑。社会组织的内涵也较为广泛，一般来说，社会组织又被称为非营利组织、非政府组织、第三部门、慈善组织、公益团体等③，萨拉蒙从“结构—运作”视角对社会组织进行了界定，具有一定的影响力，他认为社会组织或非营利组织应该具有组织性、私有性、非营利性、自治性以及自愿性，这也构成了理解非营利组织的重要组成部分④。我国社会组织的类型随着政府公共服务职能的转移而日渐增加，总体而言包括基金会、社会团体、民办非企业（社会服务机构）三大类，但本书的社会组织特指承接政府社会服务项目的社会服务机构。本书不在于对社会组织类型面面俱到，重点在于深入探究承接项目的社会服务机构在与政府合作过程中的行为策略及背后的逻辑。就目前情况而言，社会服务机构在我国政府购买社会服务过程中大量存在，此类社会组织承担了大部分政府的社会服务项目，与政府的合作非常密切且频繁，以此为研究对象更容易清晰地呈现社会组织与政府之间由制度环境和

---

① Lawrence L. Martin, John R. Miller, Contracting for Public Sector Service., Inc (NIGP), 2006: 332.

② 王丛虎：“政府购买公用服务与行政法规制”，《中国行政管理》2013 年第 9 期，第 34 - 37 页。

③ 崔正、王勇、魏中龙：“政府购买服务与社会组织发展的互动关系研究”，《中国行政管理》2012 年第 8 期，第 48 - 51 页。

④ ［美］莱斯特·M. 萨拉蒙著，贾西津、魏玉等译：《全球公民社会：非营利部门视界》，社会科学文献出版社 2007 年版，第 3 页。

激励机制不同而产生的差异化的行动策略。因此，本书的政府与社会组织关系主要是指政府与社会服务机构类社会组织之间的关系。

三、组织自主性与组织合法性

"自主性"一般包括独立性、自我管理、自我决定三种含义，在我国学界讨论组织自主性过程中特指政治社会学意义上的社会自主行动空间①。从概念上而言，有学者指出组织自主性是组织是否具有对组织内部资源的分配和使用权②，也有学者认为应当从组织外部环境角度来考虑组织是否拥有自由裁判和裁决的权力③。已有研究中，更多将社会组织自主性当作一种笼统的概念，如有的学者认为自主性是社会组织是否有权力选择服务项目④，也有学者认为社会组织自主性是多层次的，自主性不仅包括政治结构意义上的自主性，还包括行动策略和技术层次的自主性⑤。但本书认为社会组织的自主性实质上是社会组织是否在形式上和实质上受到政府或民众的认可，并以此为基础来决定自身是否有权力决定自身所处的制度结构及行动策略。因此，本书认为社会组织自主性应该置于组织合法性的框架内进行分析。

萨奇曼对合法性的界定被认为是较为恰当的，他指出合法性是被客观的拥有但主观的创造的，是一种普遍化的理解或者假定，是一种社会建构的系统⑥。斯科特从制度的角度出发，认为合法性不仅仅是组织从环境中

---

① 黄晓春、稽欣："非协同治理与策略性应对——社会组织自主性研究的一个理论框架"，《社会学研究》2014 年第 6 期，第 98 – 123 页。

② Oliver, C. , Nerwork Relations and Loss of Organizational Autunomy. Human Relations, 1991, 44: 943 – 961.

③ Child, J. , Organizational Structure, Environment, and Performance: the Role of Strategic Choice. Sociology, 1972, 6: 1 – 22.

④ 姚华："NGO 与政府合作中的自主性何以可能？——以上海 YMCA 为个案"，《社会学研究》2013 年第 1 期，第 21 – 42 页。

⑤ 黄晓春、稽欣："非协同治理与策略性应对——社会组织自主性研究的一个理论框架"，《社会学研究》2014 年第 6 期，第 98 – 123 页。

⑥ Suchman, Mark C. , Managing Legitimacy: Strategic and Insititutional Approaches. Academy of Management Review, 1995, 20: 571 – 610.

抽取的资源，还是一种以外部可见的方式展示的符号性价值①。制度是影响组织合法性最为根本的因素，因此在考虑组织的合法性时必须将制度因素纳入分析的范畴。根据斯科特划分的制度的三大要素——规制性要素、规范性要素、文化—认知要素②可以将组织的合法性分为三个层次，第一个层次为代表规则性制度的身份合法性，也可以称之为形式合法性，它代表组织的独立性，即用何种身份才能获得项目；第二个层次为代表规范性制度的实质合法性，它指组织的自主性，即社会组织是否可以自主地开展活动，是否能自主的处理内部事务；第三个层次为代表文化—认知要素的意识形态合法性，也可称之为社会合法性，指社会组织在多大程度上能获得社会的认可和接受。

第三节　研究方法

一、研究方法的选取

根据文章的研究逻辑，本书将以定性研究方法为主，通过多案例比较研究得出结论。定性研究的一个重要特点是深入理解社会现象，通过实地的研究和访谈，对现象和行为进行观察与总结，以期更好地提炼理论③，也可以更深入地了解事件的本来面目及真相④。本书试图对目前在社会服务领域大量存在的项目进行分析，对社会服务项目制的产生原因、运作机制、运行结果及产生的影响进行分析，通过描述社会服务项目运行中的各

---

① Scott, W. Richard, Organizations: Rational, Natural and Open Systems, Englewood Cliffs, NJ: Prentice - Hall, Inc., 1987: xvii + 377

② ［美］W. 理查德·斯科特著，姚伟、王黎芳译：《制度与组织——思想观念与物质利益》（第3版），中国人民大学出版社2010年版，第59 - 60页。

③ 风笑天：《社会学研究方法》，中国人民大学出版社2005年版，第25页。

④ 陈向明：《质的研究方法与社会科学研究》，教育科学出版社2000年版，第20 - 30页。

个要素，来解释项目制如何导致政府与社会组织在不同项目类型中采取不同的行动策略，并在此基础上形成了不同的政府与社会组织关系形态。总体而言，要对现象进行解释，必须要先进行基础性的描述研究，而对描述工作来讲，多案例比较研究具有这样的优势①，本书首先需要对目前大量存在的社会服务项目中政府与社会组织各自的行为逻辑进行描述，然后再对其进行系统的解释。在此思路上，本书对社会服务领域的项目制进行了重新界定，提出社会服务项目制的分析框架，提炼出了项目制下影响政府与社会组织行为策略的三个重要维度，即“目标一致性”“资源依赖度”“监管嵌入性”。而几个维度的提炼，必须经过研究者对经验事实的长期观察与跟踪，以深入、系统、细致的调查资料为基础，并在此基础上寻求理论根据和解释框架②。因此，结合本书的研究背景、研究对象的特征以及理论的提炼，全书将主要采用多案例比较研究，通过对不同案例的比较，发现基层政府与社会组织在行为转换过程中的逻辑，以此来还原中国情境下的政府与社会组织关系“真实场景”。

二、研究对象与分析单位

本书的分析单位为政府购买社会服务中的项目，项目涉及多个行为主体，即出资方、承接方和服务对象。本书重点关注的是作为出资方也就是委托方的基层政府以及作为代理人的社会组织在不同项目类型中的行为逻辑。其中基层政府主要是指市辖区下的街道办事处。本书选择广东省 F 市 N 区 H 街道作为项目发生的场域，以 H 街道办事处的行为逻辑作为分析对象而非区级政府或乡镇政府作为分析对象，主要出于以下几点考虑。

第一，基层政府是社会服务项目最终落地的地方，是社会矛盾与社会问题集中发生地，也是社会治理创新的起始点。很多社会服务项目成为基

① Gary King, Robert O. Keohane, Sidney Verba, Designing Social Inquiry: Scientific Inference in Quartative Research, Princeton University Press. 1994: 76.

② ［美］安塞尔姆 L. 施特劳斯、朱丽叶 M. 科宾著，徐宗国译：《质性研究概论》，台湾巨流图书公司 2000 年版，第 18－40 页。

层政府化解社会矛盾、解决社会难题的重要手段，因此，将最基层政府作为分析对象具有实际意义。街道一级政府虽然是社会服务项目最集中的投放地，但其自主性相对于区级别政府却较差。这也就导致了街道办事处这一自利性组织在行为中更具有策略性与主动性，研究者也更容易从这里观察到基层政府与社会组织之间的关系。H 街道是 N 区、F 市甚至广东省社会治理创新的发源地之一，也是 N 区的政治、经济、文化中心，H 街道在城市化过程中面临了一系列社会问题，社会服务项目制也正是在这样的背景中产生，因此对 H 街道进行分析具有实际意义。

第二，一般意义上，除部分关于央地关系的研究将省、市、区级政府及下辖的基层政府当作地方政府整体外，大部分研究将乡（镇）一级政府定义为基层政府。虽然街道办事处作为区级政府的派出机构，难以被严格地称为一级政府，但从行政架构、部门设置、职能任务等方面来看，街道办事处与乡（镇）政府并无二异，因此在研究中将街道办事处看作基层政府。以本书的研究对象 H 街道办事处为例，虽然 H 街道在行政级别上是 N 区政府的派出机构，但实际上 H 街道是 N 区的政治、经济、文化中心，在创新社会治理中具有积极性与主动性。这皆由于 H 街道管辖 70 多万城市人口，且财政实力雄厚、经济基础扎实，其财政实力和人口压力甚至超过 F 市的某些区级政府。因此，H 街道有实力推进政府购买社会服务，对其分析也更具有典型性。

第三，从调研资料的获取以及进入的难易度来看，将街道办事处作为分析单位有其独特优势。街道办事处作为最基层的政府部门，主要管辖城市社区。城市社区既是政府购买的社会服务项目的最终下放点，也是政府创新的源头，对其研究更具有针对性。H 街道在经济体制改革中经历了巨大的社会变迁，快速城镇化的过程中社会矛盾与社会问题不断涌现，这极大挑战了基层政府的治理能力，H 街道由此也成为我国改革开放中先富起来城市的缩影，因此对其关注更具有典型性。为解决社会问题、缓和社会矛盾，H 街道通过开展“关爱 H 城”建设，推出了涵盖长者、城市社区、农村社区、企业及外来务工人员、青少年、社区矫正、心理援助等多个领域的社会服务项目。这为笔者开展社会服务项目制研究提供了丰富的素材，便于通过分析而对项目进行类型学划分。此外，相比于市级、区级政府，街道办事处较为容易进入，研究者在获取资料的方便程度上更为突出。H 街道自 2009 年以来大力推进政府购买社会服务，以“关爱 H 城”模式推进社会建设，从“机构”“基金”“基地”“机制”的“4JI”着手形成社会建设框架。2009—2016 年，H 街道已经累计投入超过 4000 万元用于购买社会服务，且作为“关爱 H 城”建设七大主题中心之首的“创益中心”专设“关爱 H 城”建设 360 展厅总结 H 街道社会建设的模式，并向各政府部门、事业单位、社会组织等开放。此外，H 街道成立“关爱 H 城”建设专家库作为其决策的智囊，先后与香港社会工作人员协会、香港社会企业总会、香港社会服务发展研究中心、广东省社工师联合会、中山大学、广东省青年干部学院、佛山科技学院等众多机构建立了合作关系。笔者通过横向项目多次参加了 H 街道社会建设课题。因此，从调研的进入和资料可得性来说，H 街道比较适合做长期的跟踪和观察。

三、资料收集方法

结合本书的研究对象和研究方法，为更好地呈现出研究对象的真实状况，本书采取了以下几种研究方法：

（一）参与式观察法

“人通过脑外感知所获得的物理场必须与脑内感知所获得的心理场相互对应，才会产生认知上的体验”①，因此，要想清楚地发现整个研究对象运作的逻辑，最好进行直接观察，参与式观察更利于研究者获得直接、真实的第一手资料，为建构自己的有关理论提供具体的论证基础②。笔者对研究对象的观察主要分三个阶段。第一阶段是初步了解阶段，2014 年 11—12 月，借助与 H 街道合作的课题《H 街道“十大民生工程”需求调查》，对 H 街道的社会服务基本情况有了大致了解；第二阶段是 2015 年 10—11

① ［德］阿恩海姆：《走向艺术心理学》，加利福尼亚大学出版社 1966 年版，第 309 页，转引自陈向明著：《质的研究方法与社会科学研究》，教育科学出版社 2001 年版，第 227 页。

② 陈向明：《质的研究方法与社会科学研究》，教育科学出版社 2001 年版，第 232－233 页。

月，在课题组对广东省社会治理创新研究中，H 街道作为社会治理创新的典型案例被选作研究对象，笔者借用此次课题机会对 H 街道“关爱 H 城”模式进行了全面了解；第三阶段是参与式观察阶段，笔者于 2016 年 6 月 15 日至 9 月 30 日期间，利用在 H 街道社工中心挂职实习的身份以及课题组与 H 街道合作开展《H 街道关爱基金服务项目需求调查》的机会，对 H 街道的社会服务项目进行了参与式观察与深度了解。在此期间，笔者通过参加社工中心晨会①、部门会议、项目联席会议、挂钩社工会议以及各类座谈会、沙龙等对 H 街道 30 多个社会服务项目的产生、运行、评估、考核等进行了实际参与和观察，积累了大量的一手资料。此外，笔者还在实习期结束之后，通过零散调研方式对 H 街道进行了补充调研和观察。

（二）深度访谈法

笔者在挂职实习期间，主要担任 H 街道社工中心主任助理。社工中心是 H 街道专门为管理社会服务项目成立没有编制的事业单位，由街道社工委直接管辖，隶属于整个“关爱 H 城”建设督导委员会，社工中心工作人员薪酬由街道财政统一拨款，因此社工中心基本可以算作政府部门的延伸。笔者利用在此实习的机会，分别对三类人群进行了深度访谈：第一类是 H 街道各主要职能部门②负责人，与街道办事处党政办、街道社工委、社会工作局、卫生和人口计划生育局、经济促进局、司法所、教育局办公室、街道妇联、总工会、团委等职能部门的一把手或二把手进行了深度访谈；第二类是 H 街道进行合作的社会组织负责人，通过项目评估会议与课题调研机会，对与 H 街道“关爱基金”项目合作的十几家社工机构（或基金会、社会团体等）的机构负责人或项目负责人进行了深入的访谈；第三类是 H 街道“关爱 H 城”建设的相关负责人，“关爱 H 城”建设由“关

---

① 晨会主要是社工工作中心工作人员轮流分享其在挂钩项目中对项目的跟踪、监督、参与情况。

② 实际工作中，工会、妇联、共青团虽然属于群团组织，但从办公地点来看，一般与街道其他政府部门没有区别；从组织架构来看，也具有从中央到地方的类似政府部门的组织结构；从组织职能来看，三个部门承担了部分行政任务和行政职能；从人事管理来看，三类组织均采取参照公务员管理；从工作开展开看，三类组织均需要与其他职能部门密切联系、配合。因此，本书在分析中将这三类群团组织也纳入职能部门的范畴，不再另作区分。

爱H城”建设督导委员会统筹，由街道社会工作委员会推进，社工中心执行。为更好地了解“关爱基金”服务项目，先后与“关爱H城”建设督导委员会秘书长、社工中心主任、副主任及社工中心20多位工作人员进行了正式或非正式的访谈，以此对项目进展情况以及项目存在的问题进行深入了解。

（三）二手资料

第一类是文件资料。对H街道开展“关爱H城”建设以来街道层面和区政府层面的各类政策文件资料进行了收集，以了解整个“关爱基金”项目的政策支持；同时向社工中心申请，查看了“关爱H城”建设开展7年以来的各类总结报告、项目简报、“关爱H城”活动年刊等，对整个“关爱基金”项目的发展脉络进行整体了解；第二类是档案资料和会议记录。向社工中心综合部申请了查阅“关爱基金”项目的档案资料的权利，对各个项目的来龙去脉进行了解；同时查阅了相关的挂钩会议、联席会议的会议记录，重点关注部分项目中参与各方的态度和行为策略；第三类是关于项目的文书。向社工中心项目部申请，对“关爱基金”项目的申报书、中期评估和末期评估报告进行查阅，以了解各个项目的实际执行情况以及项目存在的问题；第四类是关于项目的新闻、媒体资料，借助项目中心的发展部功能，对“关爱H城”建设及H街道社会建设的相关报道和媒体资料进行了查阅、整理，从侧面了解整个社会服务外包的实际情况。

四、信度与效度问题

实地研究在信度和效度方面往往存在一些潜在的问题，实施起来应该注意规避[①]。质的研究遵循的是与量的研究不同的思维模式，关注的更多是被研究对象在特定情境中的行为和解释[②]，案例研究不能保证通过相同的观察，其他研究者能够得出相同的结论，就如“人不能两次踏入同一条河流”一般，因此本书在实际操作过程中，通过两种方法来提高研究的信

① 林聚任、刘玉安：《社会科学研究方法》，山东人民出版社2004年，第205页。

② 陈向明：《质的研究方法与社会科学研究》，教育科学出版社2001年版，第100－101页。

度：一是通过在不同时间的重复观察或访谈，如在研究中对相同的问题，在不同的场合针对不同的社会组织进行多次的访谈和交流，以此提高访谈的可信度；二是通过对特定项目中的行为主体进行长期的观察，以发现其在不同时期中行为的变化。三是不断地将参与式观察资料、深度访谈资料与已有文献进行对比分析，并对被访者进行事先的了解，提高访谈的可信度。

在研究的效度上，需要避免研究对象的“反应”而改变其在被观察过程中的行为方式，为更好地应对“效度威胁”，本书采取了如下的方法：第一，研究者本人尽量在研究中注意消除干扰因素的影响，如与社会组织的访谈尽量在合作课题的过程中开展；第二，在访谈措辞上，尽量不用引导性的词语，尊重被访者自己的描述方式；第三，通过参加街道社工中心的各种非正式会议、座谈、联谊会等来观察，降低被观察者的“观察环境”压力；第四，通过寻找反例对初步建立的理论进行证伪，如在对政府职能部门负责人的访谈过程中，随着观察的深入不断调整访谈提纲；第五，在理论建构初期，与本领域的老师或者同学进行多次的讨论、分析，总体上把握研究方向。

由于质性研究没有采用概率抽样的方法，因此研究结果也就不能由样本推论总体①，但研究者同样希望研究结果具有借鉴意义，这就不得不面对“推论”问题。研究者可以通过慎选研究案例、使案例尽量具有代表性、通过理解该案例与其他案例之间的关系来解决以上问题②。本书的研究案例选自珠三角地区的 F 市 N 区 H 街道，该街道是城市化过程中发生巨大转型的代表性城市之一。政府购买社会服务初期，政府均投入大量项目资金以孵化和培育社会组织，社会组织在此过程中不断萌发并壮大起来。H 街道社会服务项目的产生完全符合上述逻辑，且 H 街道是 N 区社会治理创新的研发地，因此对 H 街道的社会服务项目进行研究具有典型性。此外，质的研究要想更好地进行外部推论，需要通过研究结果的认同来达到

① 陈向明：《质的研究方法与社会科学研究》，教育科学出版社 2001 年版，第 409 - 412 页。

② Gary King, Robert O. Keohane, Sidney Verba, Designing Social Inquiry: Scientific Inference in Quartative Research, Princeton University Press, 1994: 7.

推论或者通过建立某种理论对现象进行阐释。本书也遵循这一思路，一是在研究中尽量完整呈现整个案例的真实状态，并对其中的逻辑进行解释；二是对研究对象进行分类，通过比较的方法提升研究的可信度。

第四节 内容安排

本书主要对社会服务项目制的产生、运行机制以及对政府与社会组织关系的影响进行分析，并对由此产生的后果进行了论述。首先通过社会服务项目制中政府介于科层与政府之间的选择性行为引出了本书的研究问题；其次通过项目制理论与政府与社会组织关系的研究基础，构建了本书的分析框架；最后通过分析框架对社会服务项目制的产生、运行、对政府与社会组织关系的影响结果进行实证分析，全书将由以下几个部分组成：

第一章为导论，介绍了论文的研究背景并由此引出本书的研究问题，对主要概念“社会服务项目制”“政府与社会组织关系”“组织自主性与合法性”进行界定，然后介绍了本书的研究方法以及案例来源，最后对全书的章节安排和论文的创新点进行简单介绍。

第二章主要对国内外已有关于项目制的研究以及政府与社会组织关系的研究进行综述，包括项目制的产生、运作、研究领域以及项目制的结果，并引出社会服务领域的项目制；对已有关于政府与社会组织关系的研究视角进行梳理，并对已有关于项目制和政府与社会组织关系的研究进行述评，在此基础上提出本书的分析框架。

第三章从绩效合法性入手，首先对社会服务项目制的产生进行研究，指出社会服务领域的项目制既不同于原有的科层供给方式，也不同于完全的合同化供给，而是在行政发包制、晋升锦标赛和压力型体制的共同酵素下形成的介于科层与市场之间的社会服务供给模式，是政府公共服务职能转移、政府绩效合法性、政府对社会的合法化控制逻辑的共同作用下的产物。其次，结合 H 街道“关爱 H 城”建设案例对社会服务项目制的特点进行了分析，指出社会服务项目制具有常态化、过程导向的监督、横向协商模式与纵向科层模式相结合、权责在政府的特点；最后，结合上述分析，根据本书案例经验，指出社会服务项目制通过目标分立的选择性机制、运动式资源整合与动员机制、嵌入性监管机制来运行。

第四章主要关注在社会服务项目制运作下，基层政府与社会组织各自的行为逻辑并对其进行了解释。对社会服务项目制运行中的激励与控制程度进一步提炼为三个维度："目标一致性""资源依赖度""监管嵌入性"，政府与社会组织的目标一致性会影响激励，而资源依赖度、监管嵌入性会影响双方的控制强度。其中资源依赖程度主要指政府对项目绩效的依赖和社会组织专业性的依赖；监管嵌入性主要是指政府对社会组织的"政治嵌入""结构嵌入"，以上三个维度的强弱组合会引发政府"市场导向""市场嵌入科层""科层嵌入市场""科层导向"四种不同的行动策略，社会组织由此也采取了策略性的应对。

第五章主要讨论社会服务项目制对公共服务供给的积极影响，并分析由此带来的政府与社会组织关系的非良性运转。社会服务的项目制供给总体而言是一种社会服务的增量供给，短期内将会对政府职能转移、满足部分社会需求和提高社会组织的部分合法性起到一定作用。但从长远来看，社会服务项目制供给模式造成了正式合同的形式化、社会组织间的马太效应和分化式重组、公共服务"内卷化"，继而对社会组织的发育、专业化提升和公共服务供给效果产生消极影响。

第六章是全书的结论与讨论。

第五节 研究创新点

一、研究视角的创新：从社会服务项目制视角分析政府与社会组织关系

已有对政府与社会组织关系的研究主要是从国家与社会、公民社会或

市民社会、福利多元主义的角度进行，虽然后来学者们不再争论于结构的分析，转而向过程——策略的分析，但分析过程要么太关注静态结构关系，要么太关注行动策略，缺乏系统性的分析视角，也未能将政府与社会组织双方行为逻辑同时呈现。从社会服务项目制视角出发恰好能够避免上述问题的产生。项目不仅是连接政府与社会组织的纽带，还成为公共服务供给的一种制度。这种制度既关注政府与社会组织所处的结构特点，也关注在具体项目中由于项目各方的不同目标以及资源的整合力度强弱所形成的行动策略。因此，从社会服务项目制的角度研究政府与社会组织双方行动策略及其带来的影响，是对政府与社会组织关系研究视角的创新。

二、理论框架的创新：尝试对项目制理论进行扩展

项目制作为一种新的国家治理体制，近年来受到学界的广泛关注。目前对项目制的研究早已溢出财政领域，而用于分析政府上下级之间的关系和行为。但目前项目制的研究还存在以下不足：一方面，对项目制研究集中在涉农项目上，研究者往往集中对某一个中央项目进行分析，但对大量存在的城市社区社会服务项目关注较少；另一方面，对项目制的研究虽然较多，但对项目制究竟如何影响基层政府的行为逻辑关注较少。本书将项目制的研究拓展到了社会服务领域，对城市社区存在的大量社会服务项目进行了分析，在此基础上探究社会服务项目制的产生、特点和运行机制，对社会服务项目制运作中的激励与控制程度进行理论分析，并将其提炼为“目标一致性”“资源依赖度”“监管嵌入性”三个维度，从而解释政府在社会服务项目中游走于科层与市场之间的行动策略，最终将政府与社会组织在不同项目类型中的行为逻辑归纳为“市场导向的行为逻辑”“市场嵌入科层的行为逻辑”“科层嵌入市场的行为逻辑”“科层导向的行为逻辑”四个类型。总体而言，本研究拓展了项目制理论的研究范围和内涵。

第二章

文献综述与分析框架

政府、市场与社会三者之间的关系及其各自的功能定位一直是公共管理学和政治学共同关注的问题。随着新公共管理运动与新自由主义的兴盛，世界各国均达成了一个共识，即需要将社会力量引入公共物品供给的框架中，以打破传统的行政模式，建立后工业时代的新行政模式。这场行政改革的主导理论便是公共选择与管理主义，它更关注政府与社会之间的关系，认为公共服务提供并非只能依靠政府官僚机构，摆脱困境的最好办法便是打破政府的垄断地位，建立公私机构之间的竞争[①]。因此，民营化作为一种变革战略，迅速占领实践制高点，成为改善政府的要径和信念[②]，合同外包也随之成为政府公共服务供给的重要手段。在合同外包过程中，政府与社会之间的关系也发生了相应的变化，政府与第三部门的伙伴关系[③]、“管家关系”[④] 等观点随之涌现。

在我国，随着政府社会服务职能逐步向社会转移，通过项目的形式输出社会服务已成为常态，政府与社会组织之间的关系逐渐成为学界关注的焦点。工具理性色彩浓重的项目制因而也被引入到各层级政府治理中。但政府公共服务项目外包并非仅仅为了提高效率和减轻国家财政压力，更多的是为了进行职能转移和获取绩效合法性。在这个过程中，政府行为发生了异化并发展出一系列行为逻辑。本书将从项目制和政府与社会组织之间的关系研究对已有的文献进行梳理，在此基础上，对现有的项目制理论与政府与社会组织关系研究的不足进行简要分析，结合经验观察，提出社会服务项目制的分析框架，以此来分析在中国场景内的政府与社会组织在社会服务项目运行中的行为逻辑。

---

① 周志忍：《当代国外行政改革比较研究》，国家行政学院出版社 1999 年版，第 23 页。

② ［美］E. S. 萨瓦斯著，周志忍等译：《民营化与 PPP 模式：推动政府和社会资本合作》，中国人民大学出版社 2015 年版，第 3－9 页。

③ ［美］E. S. 萨瓦斯著，周志忍等译：《民营化与公私部门的伙伴关系》，中国人民大学出版社 2002 年版，第 60－90 页。

④ David M. VanSlyke, Agents or Stewards: Using Theory to Understand the Government－Nonprofit Social Service Contracting Relationship, Journal of Public Administration Research and Theory: J－PART, 2007, 17 (2): 157－187.

第一节　文献述评

公共服务合同外包已成为近年来众多学科学者共同关注的议题，这种发包的方式也同样被运用到了政府治理体系中。我国各级政府在创新社会治理体制过程中，不断引入社会力量来承接公共服务职能，公共服务科层化供给模式逐渐转为项目化供给模式。在项目的连接作用下，政府与社会组织的关系也不断被重塑。社会服务的项目制治理也成为贯通国家与社会的一种新的治理体制。学术界关于项目制与政府与社会组织关系的研究层出不穷，学者对项目制、政府与社会组织关系进行了深入的探讨。为了更好地体现新时期国家与社会的关系，本书将从“项目制何以产生?”“项目制有哪些特点?”“项目制是如何运作的?”“项目制会带来哪些后果?”几个方面对项目制理论进行梳理，并从“新公共管理与福利多元主义视角”“国家与社会关系视角”“分类控制及其衍生视角”“组织行动策略视角”以及“组织自主性与合法性视角”对已有关于政府与社会组织关系的文献进行分析，最后对二者进行述评，指出现有研究的不足，以期扩展项目制理论、提供政府与社会组织关系研究的新视角。

一、项目制：一种新国家治理体制

（一）项目制的产生逻辑与内涵

学界关于项目制起源的研究大多从分税制改革谈起。计划经济时期，我国呈现出一种“重国家、轻社会”的总体性社会，国家通过对社会的全面控制而实现对资源的垄断[①]。这种总体性支配与经济体制改革在农村和城市的实践发生了碰撞，碰撞的结果就是单位制的逐渐解体和承包制的逐

① 孙立平、王汉生、王思斌、林斌、杨善华：“改革以来中国社会结构的变迁”，《中国社会科学》1994 年第 2 期，第 47 - 62 页。

渐兴盛。经济领域的承包制在财政领域的表现就是中央和地方逐渐形成了包干制分权模式，并划清了双方的承包界限，各级政府与其对应的上级政府展开了关于财政税收的各种讨价还价①。财政包干制的推行极大地刺激了地方政府的积极性，大量的重复建设和资源浪费现象产生，最终造成中央政府的财政紧缺与地方政府的自利性行为。为解决财政包干制下的中央与地方政府之间的讨价还价问题、提高中央政府的宏观调控能力，向上集聚财政资源的分税制于 1994 年开始在全国范围内推行②。分税制下，为加强政府的公共服务职能，中央通过转移支付的形式向下配置资源，项目制由此脱颖而出，成为重塑央地关系的一种国家治理体制。项目制不仅是一种体制，还是一种能够使体制积极运转起来的机制③，它同时扩散到其他领域，成为国家、社会以及各级政府进行资源配置的重要形式④，成为一种决定组织与个人行动策略的制度模式。周飞舟在财政资金的专项化研究中发现分税制在 20 世纪 90 年代后期引发了严重的农民负担问题，中央政府开始通过大量的转移支付项目来反哺农村，同时取消了农业税和加诸农民头上的各种费、摊派，乡镇等基层政府由原来的“汲取型”政权变为“悬浮型”政权⑤。转移支付基本上都以项目或专项资金的形式下拨到下级政府，税收返还、专项转移支付与财力性转移支付三种形式构成了中央转移支付的重要手段。专项资金的范畴更大于专项转移支付，在实际运作过程中更具有渗透力和感染力，周飞舟根据资金的分配权与资金拨付的不同将专项资金分为“专项转移支付资金”“体外循环资金”“基本建设项目

① 渠敬东、周飞舟、应星：“从总体性支配到技术治理——基于中国 30 年改革经验的社会学分析”，《中国社会科学》2009 年第 6 期，第 104 - 127 页。

② 周飞舟：“分税制十年：制度及其影响”，《中国社会科学》2006 年第 6 期，第 100 - 115 页。

③ 渠敬东：“项目制：一种新的国家治理体制”，《中国社会科学》2012 年第 5 期，第 113 - 130 页。

④ 折晓叶、陈婴婴：“项目制的分级运作机制与治理逻辑——对‘项目进村’案例的社会学分析”，《中国社会科学》2011 年第 4 期，第 126 - 148 页。

⑤ 周飞舟：“从‘汲取型’政权到‘悬浮型’政权：税费改革对于国家和农民关系之影响”，《社会学研究》2006 年第 3 期，第 1 - 38 页。

资金”三种类型①。

关于项目制的概念化，学者们一致认为项目制实际就是一种不同于科层制与合同制的专项转移支付手段，是协调中央与地方的有效形式②。史普原在对中央农口整合案例的研究中发现，项目制实际上由三重要素构成：临时性、目标导向、新机构与新制度，这三种要素与科层制的专业化、权力等级以及规章制度化存在着制度性张力并造成了科层为体、项目为用的治理体制③。由于我国原有的科层体制存在条块分割的碎片化问题，项目制正好统和了这种条块运作方式，但可能也引发条块共谋的问题④，项目制成为联通国家与社会的重要通道，早已超越“项目”本身的内涵和特性。

但也有学者指出，项目制的产生并不仅仅是分税制的结果，同时是一系列社会经济等客观要素作用的结果。渠敬东就认为项目制的形成还需要“财政资金再分配制度、财政激励性、市场化改革、政府提供公共产品和绩效合法性”⑤ 等一系列结构要件。也有学者从政府动员的角度探讨了项目制的优势，即上级部门通过项目制获得了“集中的资金管理权、特殊的人事安排权以及高效的动员程序”，基层政府动员从层级动员转向多线动员⑥。

在对项目制的构成要素和特点进行概括的基础上，也有学者对项目制进一步概念化提供了新的视角。周雪光根据项目制与常规制的不同分析了

---

① 周飞舟：“财政资金的专项化及其问题——兼论项目治国”，《社会》2012 年第 1 期，第 1 – 37 页。

② 尹利民：“也论项目制的运作与效果——兼与黄宗智等先生商榷”，《开放时代》2015 年第 2 期，第 143 – 156 页。

③ 史普原：“科层为体、项目为用：一个中央项目运作的组织探讨”，《社会》2015 年第 5 期，第 25 – 59 页。

④ 李元珍：“对抗、协作与共谋：条块关系的复杂互动”，《广东社会科学》2015 年第 6 期，第 201 – 210 页。

⑤ 渠敬东：“项目制：一种新的国家治理体制”，《中国社会科学》2012 年第 5 期，第 113 – 130 页。

⑥ 陈家建：“项目制与基层政府动员——对社会管理项目化运作的社会学考察”，《中国社会科学》2013 年第 2 期，第 64 – 79 页。

项目制具有间断性和不确定性[①]，这区别于正式组织的“标准操作程序”：均等性、稳定性与可预测性[②]。同时，周雪光通过“参与选择权”和“专有性关系”两个维度对项目进行了类型学划分，将项目制分为“上级指定的试点项目”“双边契约的重点项目”“科层制的专项整治”以及“即时市场的一事一议项目”[③]，通过发展其关于中国政府内部权威关系的“控制权”的理论，将项目制中的委托方与承包方置于同一分析框架，为进一步理解项目制提供了新的理论视角。

（二）项目制的运作机制研究

一部分学者围绕中央涉农项目实施来提炼在项目运作中各级政府的行为模式。中央通过转移支付形式将项目输送到基层的过程中，实际上是对项目进行“发包”、地方政府则是“打包”、基层政府“抓包”，这种“发包”体现的是一种自上而下分级控制逻辑，而“抓包”是“打包”的延续，体现的是一种反控制逻辑[④]。分级运作逻辑是行政发包制在财政领域的体现，只不过项目制更多体现为上下级政府之间“条条”的“发包”，而行政发包制是上级政府对下级政府的“块块”“发包”（属地“发包”）[⑤]。项目制运行也离不开运动式治理的逻辑，常规体制与运动式治理体制自古以来在中国国家治理结构中就长期存在，体现为常规权力与专断权力之间的较量，且专断权力经常会凌驾于常规权力之上，以此来保证绩效合法性[⑥]。项目通过调动各级政府的积极性而加强了条线控制，实际是通过打破常规的高度动员来推行上级政府的意志[⑦]，这正好符合运动式治

① 周雪光：“项目制：一个‘控制权’理论视角”，《开放时代》2015 年第 2 期，第 82 – 102 页。

② Cyert R. M., James G., A Behavioral Theory of the Firm, Blackwell Business, 1963: 108.

③ 周雪光、练宏：“中国政府的治理模式：一个‘控制权’理论”，《社会学研究》2012 年第 5 期，第 69 – 93 页。

④ 折晓叶、陈婴婴：“项目制的分级运作机制与治理逻辑——对‘项目进村’案例的社会学分析”，《中国社会科学》2011 年第 4 期，第 126 – 148 页。

⑤ 周黎安：“行政发包制”，《社会》2014 年第 6 期，第 1 – 38 页。

⑥ ［美］孔飞力著，陈兼、刘昶译：《叫魂：1768 年中国妖术大恐慌》，生活·读书·新知三联书 2014 年版，第 300 – 320 页。

⑦ 冯仕政：“中国国家运动的形成与变异：基于政体的整体性解释”，《开放时代》2011 年第 1 期，第 73 – 97 页。

理的特点。中国的政治结构是一种上下分治的政治结构①，这种上下分治的结构决定了地方政府的选择性执行②，从而决定了上级政府必须建立相应的激励机制来解决下级政府的行为问题，行政发包制与竞标赛体制③正是在这种前提下产生的。这种制度环境使项目制在运作中离不开对原有体制的依附，呈现出科层为体、项目为用的机制特征④。

与国家运动式治理相比，基层运动式治理往往更具有常态化趋向⑤，项目制恰恰弥补了科层制在组织目标、人员、资源分配方面的缺陷，一定程度上保证了农村公共物品供给⑥，然而基层公共物品项目制的推行并非一帆风顺，很多旨在为公众谋福利的项目在实施中存在难以落实的尴尬局面，这与基层治理中的目标管理责任制⑦、绩效至上原则不无关系。陈水生在对文化惠民工程项目运作的考察过程中发现，公共文化服务项目也受到官僚政绩至上逻辑与公民需求导向逻辑之间内在矛盾和困境的影响，需要找到中央强控制与地方弱应对之间的平衡点，以此来提升项目的实际效果⑧。李祖佩从国家自主性的视角分析了项目在基层实践中的困境。他认为项目制是国家利益再分配和实现的过程，项目制的基层实践困境正好反映了国家公共利益实现的受阻⑨。在此视角下，项目制考察更多的是基层

---

① 曹正汉："中国上下分治的治理体制及其稳定机制"，《社会学研究》2011 年第 1 期，第 1－40 页。

② O'Brien K. J., Li Lianjiang, Selective Policy Implementation in Rural China, Comparative Politics, 1999, 31 (2): 167－186.

③ 周飞舟："竞标赛体制"，《社会学研究》2009 年第 3 期，第 54－77 页。

④ 史普原："科层为体、项目为用：一个中央项目运作的组织探讨"，《社会》2015 年第 5 期，第 25－59 页。

⑤ 欧阳静："论基层运动型治理——兼与周雪光等商榷"，《开放时代》2014 年第 6 期，第 180－190 页。

⑥ 杜春林、张新文："项目制动员的碎片化及其治理研究——基于 S 县后扶项目的实证考察"，《甘肃行政学院学报》2015 年第 5 期，第 39－50 页。

⑦ 荣敬本、崔之元：《从压力型体制向民主合作体制的转变：县乡两级政治体制改革》，中央编译出版社 1998 年版，第 15 页；徐勇、黄辉祥："目标责任制：行政主控型的乡村治理及绩效——以河南 L 乡为个案"，《学海》2002 年第 1 期，第 10－15 页；王汉生、王一鸽："目标管理责任制：农村基层政权的实践逻辑"，《社会学研究》2009 年第 2 期，第 61－92 页。

⑧ 陈水生："项目制的执行过程与运作逻辑——对文化惠民工程的政策学考察"，《公共行政评论》2014 年第 3 期，第 133－156 页。

⑨ 李祖佩："项目制基层实践困境及其解释——国家自主性的视角"，《政治学研究》2015 年第 5 期，第 111－122 页。

政府的行为逻辑和国家、基层政府与乡村社会的互动机制。

（三）项目制的制度特征与影响研究

缘于技术理性的项目制在制度上呈现出两大基本特征：一是横向间竞争，即在项目推行过程中，部门之间由于政绩至上与竞标赛体制的压力而争夺项目，总体呈现出横向竞争的态势；二是纵向间互控，即各级政府相互之间实现控制与反控制。这两种制度特征改变了政府之间的权责关系并对整个国家治理体系产生了一定影响①。总体而言，项目制的实施需要处理好绩效合法性与权威体制、运动式治理与常规化运作、项目内在要求与政治社会需求等之间的关系。

从项目制的运行结果来看，它增强了从中央到地方职能部门“条条”系统的力量、促进了从中央到地方更为庞大而严格的项目申报体系和审计监察体系的发展②。由于项目制与我国国家结构形式的契合性，虽然存在一定问题，但项目制仍然是协调央地关系的有效形式，尤其在调动地方政府积极性和提高财政资金的使用效率方面起到了应有作用③，在相当层面，项目制同时也在很大程度上推动了相关领域的国家建设进程④。

但从项目制的影响来看，项目制通过各种要素的发酵改变了原有的技术理性，实际运行中产生了很多意外的后果。项目制的强“条条”与弱“块块”特色，使得“条条”在实际运行中寻找“新块块”，最终造成“条块”的重新组合和利益共谋，进而影响了项目的实际运行效果⑤。项目的运行也导致了资源的分配不均，这与其目标相违背：乡镇政府由“汲取型政权”向“悬浮型政权”角色转变，项目成为基层政府抓取资源的手

---

① 陈家建、张琼文、胡俞：“项目制与政府间权责关系演变：机制及其影响”，《社会》2015年第5期，第1－24页。

② 周飞舟：“财政资金的专项化及其问题——兼论项目治国”，《社会》2012年第1期，第1－37页。

③ 尹利民：“也论项目制的运作与效果——兼与黄宗智等先生商榷”，《开放时代》2015年第2期，第143－156页。

④ 曹龙虎：“迈向‘项目中国’：项目制与国家建设”，《南京社会科学》2016年第1期，第77－84页。

⑤ 张良：“‘项目治国’的成效与限度——以国家公共文化服务体系示范区（项目）为分析对象”，《人文杂志》2013年第1期，第114－121页。

段，造成乡镇政权的“协调型”色彩①。由于项目制在实际运行中没有很好解决“代理人”的激励问题，致使地方政府与基层政府难以被调动起来解决实际问题，最终造成“项目进村”困境②。而项目制在基层实践中的“去政治化”与“弱治理”特征，表明项目制在基层并非作为“新的治理体制”而存在③。甚至有学者在研究推广双季稻的项目落实中发现，项目制导致逐利价值观下的“官商勾结”④，使项目制最终走向了技术治理的反向。这导致政府一方面过度依赖项目制，造成资金和项目难以到达基层；另一发面乡镇政权极力推行项目，反而引发农村集体债务的产生⑤。项目制中的政府权责关系也随之发生变化，自上而下与由下而上的权力博弈最终造成基层治理中治理目标、治理技术、治理资源的“脱嵌”⑥。虽然项目制解决了科层制供给的碎片化问题，但同时也造成基层公共物品项目制供给的碎片化问题⑦。专项治理本身蕴含的公共管理者和民众需求的价值冲突也容易引发治理模式过度单一和国家能力建设的长久性问题⑧。

（四）政府购买社会服务领域的项目制研究

项目制对政府上下级关系的重塑，早已从财政领域溢出至政府购买社会服务领域。关于社会服务项目制研究，学术界讨论的范畴大都涉及社区

---

① 付伟、焦长全：“‘协调型’政权：项目制运作下的乡镇政府”，《社会学研究》2015年第2期，第98－123页。

② 桂华：“项目制与农村公共品供给体制分析——以农地整治为例”，《政治学研究》2014年第4期，第50－62页。

③ 李祖佩：“项目制的基层解构及其研究拓展——基于某县涉农项目运作的实证分析”，《开放时代》2015年第2期，第123－142页。

④ 黄宗智、龚为纲、高原：“‘项目制’的运作机制和效果是‘合理化’吗?”，《开放时代》2014年第5期，第143－159页。

⑤ 周雪光、程宇译：“通往集体债务之路：政府组织、社会制度与乡村中国的公共产品供给”，《公共行政评论》2012年第1期，第46－77页；尹利民、全文婷：“项目进村、集体债务与新时期的农民负担——基于赣北D村的个案分析”，《东华理工大学学报》（社会科学版）2014年第1期，第53－57页；孔卫拿：“乡村建设过程中的项目内卷化负债——基于安徽G县的调研与思考”，《甘肃行政学院学报》2014年第4期，第49－64页。

⑥ 陈家建、张琼文、胡俞：“项目制与政府间权责关系演变：机制及其影响”，《社会》2015年第5期，第1－24页。

⑦ 杜春林、张新文：“项目制动员的碎片化及其治理研究——基于S县后扶项目的实证考察”，《甘肃行政学院学报》2015年第5期，第39－50页。

⑧ 臧雷振、徐湘林：“理解‘专项治理’：中国特色公共政策实践工具”，《清华大学学报》（哲学社会科学版）2014年第6期，第161－170页。

社会服务，但并未提出与财政领域项目制相对应的分析框架。

王向民较为系统地总结了项目制的社会组织治理模式。他认为正是政府职能转变、政府购买服务与项目制治理运用到社会服务领域三个政策的合流导致了社会组织的项目制治理。这种项目制治理是一种单向权力关系，形式遵循“委托—代理”的发包体制，但实际上政府通过“管家关系”实现对社会组织的嵌入性监管[1]。社区服务项目是社会服务领域的项目制的主要研究领域。社区服务的项目化运作对开拓居民服务需求、培育新生社区组织、民政工作的专业化发展起到了一定作用[2]，但也衍生出不少实际问题。何磊通过对某街道办事处购买社区服务的案例分析得出政府购买社会组织服务的项目制治理在改善服务质量、提高效率、调动公众积极性方面有一定的积极作用，并可以实现政治和管理的双目标，但也存在制度化程度低、竞争性差等问题[3]。由于项目制所凸显的绩效优先优势，社区社会组织在项目化运作过程中，出现了对社区的嵌入性不够、发展的持续性和均衡性差等问题，这些问题也改变了社区、社会组织与社区组织之间的相互作用关系[4]。朱健刚、陈安娜对政府购买服务项目案例的分析说明专业社工被嵌入街区行政社会工作之后，社工专业性被复杂的街区权力关系所限制[5]，难以发挥项目的实际效果。

也有学者将项目制作为政府购买服务的一种类型加以分析。段小虎、张慧君等对“文化扶贫”工作的研究中指出相比于政府购买服务的单位制、志愿制，项目制在认知基础、理论逻辑、组织结构上均有较强的优势，矩阵式的组织结构、合同制的管理手段、专业化的智力支撑有利于文

---

① 王向民：“中国社会组织的项目制治理”，《经济社会体制比较》2014 年第 4 期，第 130－140 页。

② 裘旋：“社会服务项目化运作对基层社区社会工作发展的意义探究——以上海市 Z 区为例”，《社会工作》2012 年第 5 期，第 68－71 页。

③ 何磊：“政府购买社会组织服务的项目制治理研究”，《哈尔滨市委党校学报》2015 年第 5 期，第 79－84 页。

④ 张琼文、韦克难、陈家建：“项目化运作对社区社会组织发展的影响”，《城市问题》2015 年第 11 期，第 79－84 页。

⑤ 朱健刚、陈安娜：“嵌入中的专业社会工作与街区权力关系——对一个政府购买服务项目的个案分析”，《社会学研究》2013 年第 1 期，第 43－64 页。

化的精准扶贫①。管兵、夏瑛将政府购买社会服务分为单位制、项目制与混合制三种形式，并从政策与权力逻辑、不同制度的治理效果两个维度分析得出，项目制的政府购买服务有利于服务的专业化和草根社会组织的崛起，但政府的支持并不稳定，而兼具单位制与项目制优势的混合制公共服务供给模式最有利于社会组织的发展，能兼顾服务的基础化与专业化②。

二、政府与社会组织关系：多元视角和历史演变

对政府与社会组织关系的探讨始于20世纪七八十年代的市场化改革，学者们最先从新公共管理的视角与福利多元主义视角探讨政府与社会组织的关系。关于政府与社会组织关系的研究，国内学者最早将其置于国家与社会关系的大框架下进行，主要通过市民社会理论与法团主义理论来解释国家与社会的关系问题。但我国的市民社会并未发育成熟，难以与政府进行平等的合作，且社会组织类型多样、层次不一，无法将社会组织作为整体进行讨论，因此难以从西方理论视角来研究我国的市民社会。加之国内学者对研究路径的反思，传统的“结构—制度”研究思路逐渐被“过程—事件”视角所取代，至此，对政府与社会组织关系的研究转向探讨对社会组织进行类型划分和政府与社会组织在具体情境中各自的行动策略。此外，部分学者从组织学的视角对社会组织的合法性与自主性进行探讨，通过研究社会组织的自主性与合法性来反映当下的政府与社会组织关系。因此，本书将从新公共管理与福利多元主义视角、国家与社会关系视角、分类控制及其衍生视角、社会组织行动策略视角以及组织自主性与合法性视角五个方面对政府与社会组织关系的研究进行总结和述评。

（一）新公共管理与福利多元主义视角

“政府与社会组织之间的关系”在西方的话语体系中更多的指“政府

---

① 段小虎、张慧君等：“政府购买公共文化服务制度安排与项目制‘文化扶贫’研究”，《图书馆论坛》2016年第4期，第5－12页。

② 管兵、夏瑛：“政府购买服务的制度选择及其治理效果：项目制、单位制、混合制”，《管理世界》2016年第6期，第58－72页。

与非营利组织关系”。对其研究首先要从非营利组织的产生和功能界定说起。20世纪五六十年代，西方资本主义国家普遍进入了政府管理的瓶颈期，具体表现为市场失灵、政府失灵以及财政赤字等政府治理难题。公共物品的非竞争性、非排他性导致了“市场失灵”，而政府对公共物品供给进行干预也并未起到应有作用。这是因为在公共物品生产过程中，政府经常会由于自身的经济理性而扩大公共支出规模，造成公共物品供给的低效率和资源的浪费，进而导致“政府失灵”。为此20世纪70年代以来，一场旨在解决政府面临的公共管理问题的政府改革运动随之兴起。这场“新公共管理”运动以商业管理理论、方法及技术为依托，以市场竞争机制为工具，以提高政府公共管理水平和重构政府形象为目标，迅速从英国、美国、澳大利亚和新西兰扩展到了全球其他国家。非营利组织也在这场民营化的改革中成为公共服务供给的重要主体，关于非营利组织的研究也随之兴盛。

萨瓦斯（E. S. Savas）是民营化的主要倡导者之一，他在《民营化与公私部门的伙伴关系》一书中指出，民营化的主要任务就是将市场力量引入政府公共服务领域，在这种形势下，政府与非营利组织之间是一种“伙伴关系”①。敬乂嘉在对第三方模型进行分析时也认为，政府与非营利组织之间应该是一种平等合作的关系②，而这个关系的建立得益于“竞争性”，由此“合同制”“服务外包”“竞争性购买”等概念用来描述政府购买服务③。在此基础上，学者们从委托代理理论视角来分析政府与社会组织之间的关系，认为在信息不对称和选择偏好不一致的情况下，委托人和代理者都可能会采取投机行为④。实际运作过程中，非营利组织与政府真正建立伙伴关系并不多见，研究者们认为在购买服务过程中，政府与社会组织

① ［美］E. S. 萨瓦斯著、周志忍等译：《民营化与公私部门的伙伴关系》，中国人民大学出版社2002年版，第60－90页。

② 敬乂嘉：《合作治理——再造公共服务的逻辑》，天津人民出版社2009年版，第25页。

③ 敬乂嘉：“社会服务中的公共非营利合作关系研究——一个基于地方改革实践的分析”，《公共行政评论》2011年第5期，第5－25页。

④ Boycko M., Shleifer A., and Vishny R. W., A Theory of Privatization. Economic Journal, 1996, 106: 318.

的关系更多的是一种“管家关系”而非“伙伴关系”[①]。Gidron 等对政府与非营利组织的关系进行了分类，他们按照双方在资金供给与服务生产上的角色两个维度将二者关系分为了政府主导模式、二元模式、合作模式和第三部门模式四种类型（详见表 2－1）。当然 Gidron 等的分析较为简略，后续学者对非营利组织的角色分析更为细致，将公共服务中的非营利组织分为独立的服务供给者、协作的服务同盟、接受补贴的服务供给者、合同商或者代理商、合作伙伴、战略竞争者、倡导者或者说客七种类型[②]。可见政府与社会组织成为真正意义上的合作伙伴并非易事，非营利组织没有成为政策实施者和服务递送者，也未能参与政策制定和评估。非营利组织通过取得政府的服务合同而获得公共资金，只能被称为合同商而非合作伙伴。

表 2－1　　政府与第三部门的关系模式[③]

职能	模式			
	政府主导	二元模式	合作模式	第三部门主导
经费供给	政府	政府/第三部门	政府	第三部门
服务生产	政府	政府/第三部门	第三部门	第三部门

也有学者从福利多元主义视角研究政府与社会组织的关系。这一视角强调政府不再是公共服务供给的唯一主体，社会福利可由非营利组织、营利组织、社区、家庭以及任何市场主体所提供。政府在这个过程中由供给者转为监督者、规范者、仲裁者。这类研究大多从福利多元主义的时间或空间角度出发，研究维度较为单一，大多只关注福利的供给，部分学者在此基础上加入了更多的分析维度。较为经典的是马丁·鲍威尔在《理解福利混合经济》中所提到的福利生产、融资与监管三维度分析框架。该维度

① Vanslyke D. M. , The Mythology of Privatization in Contracting for Social Services. Public Administration Review, 2003, 63 (3): 307－308.

② Feiock, Richard and Simon Andrew, Introduction: Understanding the Relationships Between Nonprofit Organizations and Local Governments. International Journal of Public Administration, 2006, 29 (10): 759－767.

③ Benjamin Gidron, Ralph M. Kramer, Lester M. Salamon. (eds.), Government and the Third Sector: Emerging Relationships in Welfare States. San Francisco: Jossey－Bass, 1992: 18.

不仅关注了社会福利的供给维度，同时将融资和监管维度纳入分析框架[①]。岳经纶、郭英慧将该三维分析框架运用到政府与非营利组织互动的分析中，指出在缺乏竞争的政府购买服务下，政府与非营利组织在服务递送上存在机构异化与服务投机化倾向，在融资上存在制度缺陷与资源依赖；在监管上存在合同管理能力不足与行政干预问题[②]。为此，政府与社会组织双方都需要转变观念，并处理好各自边界之内的专业性问题。

（二）国家与社会关系的视角

国家经济体制改革的不断推进使社会生长空间逐渐增大，总体性社会逐渐发生松动，社会组织由此逐渐产生并日益壮大起来。对社会组织的研究逐渐从国家 与社会关系的视角出发，这一视角主要从公民社会与法团主义两个方面展开[③]。

已有学者将社会组织的发展置于公民社会理论研究框架之内并认为市民社会理论能够很好地解释转型中的现代中国社会变迁状况[④]，具体分析在党国体制主导下的市场改革中社会如何生长出来[⑤]，并指出在市场化改革下中国社会组织如何采取与国家进行谈判、规避、佯装妥协的策略[⑥]，以及是否应该将现有的社会组织纳入市民社会理论[⑦]。也有学者解释了在这种公民社会中，草根 NGO 如何产生并运作[⑧]，指出事实上当时中国公民

---

① ［美］马丁·鲍威尔著，钟晓慧译，岳经纶校：《理解福利混合经济》，北京大学出版社 2011 年版，第 250－260 页。

② 岳经纶、郭英慧：“社会服务购买中政府与 NGO 关系研究——福利多元主义视角”，《东岳论丛》2013 年第 7 期，第 5－14 页。

③ 纪莺莺：“当代中国的社会组织：理论视角与经验研究”，《社会学研究》2013 年第 5 期，第 219－241 页。

④ Gordon White, Prospects for Civil Society in China: A Case Study of Xiaoshan City, the Australian Journal of Chinese Affairs, 1993, 29: 63—87.

⑤ Gordon White, Jude Howell, Shang Xiaoyuan, In Search of Civil Society: Market Reform and Social Change in Contemporary China, Clarendon Press, 1996: 220－230.

⑥ Tony Saich, Negotiating the State: The Development of Social Organizations in China, The China Quarterly, 2000, 161: 124－141.

⑦ Jonathan Unger, Bridges: Private Business, the Chinese Government and the Rise of New Associations. The China Quarterly, 1996, 147 (9): 795—819.

⑧ Xin Zhang, Richard Baum, Civil Society and the Anatomy of a Rural NGO, The China Journal, 2004, 52: 97—107.

社会处于前公民社会状态①，社会组织表面上“不合法”却可以进行公开运作，这是政府为减轻自身社会服务责任的一种策略，这种策略使权威国家形成了一种权威与草根组织的“权宜共存”②。高丙中以公民社会的角度为背景，将社会组织的不断发展并与政府合作的现象称为“中国社会在结构上加速分化的同时迈向有机团结的表现”③，契合了涂尔干在《社会分工论》中所提到的社会科学中社会分化与社会团结两个动力机制④，关注民间社会是否能从全能国家分化并有机团结。我国学者对公民社会的系统研究，主要始于20世纪90年代，其中以邓正来和景跃进合著的《建构中国公民社会》一书为先导，围绕“中国是否存在一个公民社会”“能否能够建设一个公民社会”和“如何实现国家与公民社会的良性互动”来展开，郁建兴、周俊将第三个主题称之为中国公民社会的第二阶段研究⑤，这一阶段的研究主要是以NGO为范例来展开，如关于行业协会的研究、温州商会的研究等⑥。

总体而言，公民社会的理论视角预设社会组织能够制衡国家。与之对应的法团主义视角认为简单地用市民社会理论解释中国的结社情况会有“削足适履”的风险，且中国的市民社会远未达到西方社会的成熟度和组织化，是一种“形同质异”的社会状况，实际上是国家领导下的市民社会⑦。与此相比，社团的概念更适合于描述当下中国社会的全景⑧，目前的

① 朱健刚：“草根NGO与中国公民社会的成长”，《开放时代》2004年第6期，在线网址：http：//www. opentimes. cn/Abstract/729. html。

② Anthony J. Spires, Contingent Symbiosis and Civil Society in an Authoritarian State：Understanding the Survival of China’s Grassroots NGOs, American Journal of Sociology, 2011, 117（1）：1—45.

③ 高丙中：“社会团体的合法性问题”，《中国社会科学》2000年第2期，第100－109页。

④ ［法］埃米尔·涂尔干著，渠东译，《社会分工论》，生活·读书·新知三联书店2000年版，第25页。

⑤ 郁建兴、周俊：“中国公民社会研究的新进展”，《马克思主义与现实》2006年第3期，第36－45页。

⑥ 余晖：《行业协会及其在中国的发展：理论与案例》，经济管理出版社2002年版，第56页。

⑦ 沈原、孙五三：“制度的‘形同质异’与社会团体的发育———以中国青基会及其对外交往活动为例”，载《市场、阶级与社会》，中国社会科学文献出版社2007年版，第301－324页。

⑧ 王绍光、何建宇：“中国的社团革命——中国人的结社版图”，《浙江学刊》2004年第6期，第71－77页。

市民社会是国家领导下的市民社会①，法团主义的出现源于对自由主义的补充，是在多元主义体制下的国家与社会团体合作②。施密特将其分为国家法团主义与社会法团主义，前者强调国家通过排除异己利益要求以保持社会稳定和发展，后者则强调在多元主义格局下将各阶层意愿纳入决策，以增加社会的力量③。法团主义相比于自由主义，在解释传统社会特质尤其是它与东亚经济发展的关系上更具有亲和力④，法团主义也因其较强的理论解释力逐渐成为研究中国国家与社会关系的主要理论视角。米格代尔对欧美式法团主义与拉美式法团主义进行了类型学区分，这两种法团主义形态下的国家扮演着不同的角色⑤。在威权政体下，国家会高度整合社会团体，呈现出拉美式法团主义特点。从这个角度来说，国家法团主义更适宜分析我国的国家与社会关系。国家法团主义在我国甚至转变为一种地方法团主义，一方面地方政府对合同和资源进行控制，另一方面与私营企业之间形成共生关系，最终演变为一种政府与经济结合的新制度形式⑥。顾昕和王旭对专业性社团的研究中发现，在具有国家法团主义色彩的社团监管体系下，专业性社团享有垄断地位，国家通过对专业性社团领导人的选择间接但有效地控制着社团的活动⑦。张钟汝、范明林也以国家法团主义视角为出发点，运用授权、控制、垄断等概念分析工具将国家法团主义分

---

① Perry, J. Elizabeth, Labor's Battle for Political Space: The Role of Worker Associations in Contemporary China, In Davis, Kraus Naughton, and Perry, Eds. Urban Spaces in Contemporary China, 1994: 302 - 325.

② 张静：《基层政权：乡村制度诸问题》，浙江人民出版社2000版，第200页。

③ Schmitter P. C., Still the Century of Corporatism?, The Review of Politics, 1974, 36 (1): 85 - 131.

④ Jonathan Unger, Anita Chan, China, Corporatism, and the East Asian Model. The Australian Journal of Chinese Affairs, 1995, 33: 29—53.

⑤ ［美］乔尔·S·米格代尔著，李杨、郭一聪译：《社会中的国家：国家与社会如何相互改变与相互构成》，江苏人民出版社2013年版，第10 - 30页。

⑥ Oi J. C., Fiscal Reform and the Economic Foundations of Local State Corporatism in China. World Politics, 1992, 45 (1): 99—126.

⑦ 顾昕、王旭："从国家主义到法团主义——中国市场转型过程中国家与专业团体关系的演变"，《社会学研究》2005年第2期，第155 - 175页。

为庇护性国家法团主义和层级性国家法团主义①。

在法团主义视角大量的被运用在解释国家与社会关系的过程中，也有学者对市民社会与法团主义的理论视角适用性进行了探讨。他们认为“国家在社会中”的立场更符合中国当前的民间组织现象②，虽然法团主义理论确实有一定的分析力度，但关键在于我国是否具有法团主义或公民社会理论所探索的社会基础③。此后，范明林通过以上两个视角对四个不同类型的社会组织进行了比较研究，将法团主义理论操作化为“授权、控制与垄断”三个维度，将市民社会理论操作化为“自主性、自治性与契约化”三个维度④，试图构建一个将市民社会与法团主义相融合的类型学框架。有学者尝试用“利益契合”的视角来解释转型期的国家与社会关系，作者通过分析行业组织参与政策，得出国家与社会关系在于国家与社会的利益契合程度，从而反映国家是否控制或者支持社会组织⑤。也有学者从“从社会管控到社会治理”的新分析框架来对国家与社会二分的方法进行修正⑥，认为原有的国家与社会关系已经发生了变化，在传统的大政府模式下，新的竞争性的社会组织发展模式也逐渐出现，国家与社会关系呈现出一种混合性状态⑦，国家与社会应该走向一种混合型的法团主义路线⑧。Chan也将公民社会与法团主义两个理论视角置于同一分析框架下对中国的

① 张钟汝、范明林、王拓涵：“国家法团主义视域下政府与非政府组织的互动关系研究”，《社会》2009年第4期，第167－194页。

② 郁建兴、吴宇：“中国民间组织的兴起与国家——社会关系理论的转型”，《人文杂志》2003年第4期，第142－148页。

③ 吴建平：“理解法团主义——兼论其在中国国家与社会关系研究中的适用性”，《社会学研究》2012年第1期，第174－198页。

④ 范明林：“非政府组织与政府的互动关系——基于法团主义和市民社会视角的比较个案研究”，《社会学研究》2010年第3期，第159－176页。

⑤ 江华、张建民、周莹：“利益契合：转型期中国国家与社会关系的一个分析框架——以行业组织政策参与为案例”，《社会学研究》2011年第3期，第136－152页。

⑥ 郁建兴、关爽：“从社会管控到社会治理：当代中国国家与社会关系的新进展”，《探索与争鸣》2014年第12期，第7－16页。

⑦ 管兵：“政府向谁购买服务：一个国家与社会关系的视角”，《公共行政评论》2016年第1期，第131－150页。

⑧ 岳经纶、邓智平：“依附、分立、嵌入：中国发展社会组织的三种逻辑”，《探索与争鸣》2014年第10期，第67－70页。

工会组织进行了研究①。但不论是市民社会还是法团主义抑或是二者的结合，对政府与社会组织关系的研究要改变以往的只关注结构分析、忽略行动分析的模式，既要关注国家与社会的权力分配，也要密切观察国家与社会之间交织的政府与社会组织行动策略②。

（三）分类控制及其衍生视角

不论是公民社会或法团主义视角，抑或是新公共管理与福利多元主义视角，在解释我国政府与社会组织之间关系的过程中均存在理论适用性问题。一是市民社会理论视角的学者从社会对抗国家的角度出发，解释市民社会如何与国家进行对抗，而法团主义理论关注社会的有机团结，这二者都存在一个理论前提，即我国已经存在一定的可以与国家抗衡的社会存在。但事实上，我国社会的发育情况不同于理论发源地，是否存在一个可以与国家商榷的公民社会尚存在讨论的空间，二是我国社会组织的类型多样，分析政府与社会组织关系必须对社会组织分类而论而不能一概论之，不同社会组织采取的策略与行动不同，也会实际上影响政府与社会组织的关系。鉴于此，学者们在借鉴西方相关理论的基础上，结合我国社会的实际情况，提出了一系列具有本土意义的分析概念。

中国的社会组织先天具有“官民二重性”③，这就决定了中国社会组织“半官半民”不同于西方国家的先天特性，必须对“官办”抑或“民办”的社会组织进行区分，因为二重性下的“社会中间层”仍是由政府主导④。不同的社会组织形态意味着不同的行动策略，也展现出不同的与国家商榷的形态⑤。最系统性地对中国社会组织进行分类研究的是康晓光和韩恒，他们通过对八类不同类型的社会组织进行分析，并将15类社会组织按照政

---

① Anita Chan, Revolution or Corporatism? Workers and Trade Unions in Post - Mao China, The Australian Journal of Chinese Affairs, 1993, 29: 31 -61.

② 张紧跟：“从结构论争到行动分析：海外中国NGO研究述评”，《社会》2012年第3期，第198 -223页。

③ 于晓红、李姿姿：“当代中国社团官民二重性的制度分析——以北京市海淀区个私协会为个案”，《开放时代》2001年第9期，第90 -96页。

④ 温静：“中国社会中间阶层的发展和问题”，《社会》2003年第7期，第17 -19页。

⑤ Tony Saich, Negotiating the State: The Development of Social Organizations in China, The China Quarterly, 2000, 161: 124 -141.

府性程序与营利性与否分为四大类，提出国家对社会组织实施的是一种新的全面控制，通过对不同社会组织的分类控制方式来提供公共物品①。这与法团主义、公民社会框架下的国家与社会关系在国家干预的范围、公民结社的权利、社会组织自主性、政治决策的制定和实施上有着明显的不同。在此研究基础上，康晓光等进一步对分类控制体系进行了推进，提出“行政吸纳社会”② 的概念，国家通过“限制”“功能替代”和“优先满足强者利益”的方式对社会进行控制，通过对自治社会组织的功能替代使之成为国家可控的社会组织。在这个体系下，国家与社会由分离对立转为相互融合，虽然国家已然居于主导地位，但也留给社会一定程度的表达空间。后续学者进一步提出了“行政吸纳服务”③ 的概念来解释国家与社会之间的关系，认为国家与社会通过“支持”与“配合”两大机制进行融合。“支持”指政府对社会组织发展提供场地、资金、信息等资源；“配合”指社会组织作为“回报”，响应政府的号召与执行政策。“行政吸纳服务”与“行政吸纳社会”的最大区别在于前者主要目标是增强公共服务能力，而后者主要在于对政治权力的控制，防止民间权威挑战政府权威。在吸纳框架的基础上，刘鹏进一步分析了控制、监督、管理与监管的内涵区别，认为“监管”更能体现政府对社会组织的管理特征，提出了“嵌入性监管”④ 的概念，更强调政府对社会组织管理的多样化，“分类控制”模式只是“嵌入性监管”模式的一部分，但该概念并未清晰指明政府是如何嵌入社会组织并实行监管的。随着政府对社会组织的定调越来越积极、策略越来越柔性化，政府在双方利益相通的地方赋予社会组织更多的权利，通

① 康晓光、韩恒：“分类控制：当前中国大陆国家与社会关系研究”，《社会学研究》2005年第6期，第74－89页。

② Kang Xiaoguang, Han Heng, Administrative Absorption of Society: A Further Probe into the State－Society Relationship in Chinese Mainland, Social Sciences in China, 2007, 2: 116—128.

③ 唐文玉：“行政吸纳服务：中国大陆国家与社会关系的一种新诠释”，《公共管理学报》2010年第1期，第13－19页。

④ 刘鹏：“从分类控制走向嵌入型监管：地方政府社会组织管理政策创新”，《中国人民大学学报》2011年第5期，第91－99页。

过“控制与赋权”① 的方式试图形成一种政府领导下的社会繁荣，是政府对社会组织的柔性化和隐形化控制，体现出的是“吸纳与控制”的逻辑②。

（四）社会组织行动策略视角

以上研究主要是从“分类控制”的大框架出发来研究政府与社会组织的关系。但实际上，国家对社会的管理与控制并非静态的，也不是从整体的结构分析框架中就可以窥探而来。它需要实现结构研究与行动研究的相互补充，并从微观层面洞察国家与社会之间相互交融的机制、策略③。学者们均认为不论是政府与社会组织关系的研究，还是国家与社会的研究，要想呈现出较为完整的政社互动状态，应该在注重“结构—制度”④ 的同时，关注“过程—事件”⑤，为此有学者提出了“制度—生活”⑥ 的分析框架，更多地从政府与社会组织的行动策略来研究政府与社会组织关系。

姚华运用“制度与生活”的分析框架对上海 YMCA 进行个案分析发现，NGO 在与政府合作的过程中，既要坚持自身的专业理性与价值底线，也要有策略的进行妥协⑦。在“强国家弱社会”背景下的 NGO，需要通过“做加法”的妥协来获得一定的自主性。虽然 NGO 通过各种策略来试图改变他们与国家的关系，但是由于国家的主导地位依然存在，NGO 的行动策略依然是对国家资源依赖为主⑧。不过这种依赖性的策略已经显示了中国社会正在逐渐形成一个自下而上的自发的公民社会建构过程。何艳玲等在

① 敬乂嘉：“控制与赋权：中国政府的社会组织发展策略”，《学海》2016 年第 1 期，第 22－33 页。

② 吴月：“吸纳与控制：政府购买社会服务背后的逻辑”，《上海行政学院学报》2015 年第 6 期，第 75－83 页。

③ 陈为雷：“从关系研究到行动策略研究——近年来我国非营利组织研究述评”，《社会学研究》2013 年第 1 期，第 228－240 页。

④ 张静：《法团主义》，中国社会科学出版社 2005 年版，第 30－45 页。

⑤ 孙立平：《“过程—事件分析”与对当代中国农村社会生活的洞察》，载王汉生、杨善华主编：《农村基层政权运行与村民自治》，中国社会科学出版社 2001 版，第 354 页。

⑥ 肖瑛：“从‘国家与社会’到‘制度与生活’：中国社会变迁研究的视角转换”，《中国社会科学》2014 年第 9 期，第 88－104 页。

⑦ 姚华：“NGO 与政府合作中的自主性何以可能？——以上海 YMCA 为个案”，《社会学研究》2013 年第期，第 21－42 页。

⑧ 赵秀梅：“中国 NGO 对政府的策略：一个初步考察”，《开放时代》2004 年第 6 期，第 5－23 页。

分析草根 NGO 的策略时，根据“依赖—信任—决策者”分析框架研究得出，“不合作”可能是边缘草根组织常常采取的策略，这需要根据草根组织所处的特殊环境而定。资源依赖程度不同、信任度不同、决策者自身素质不同，将会影响草根 NGO 采取“拒绝”“避免”“默许”和“欢迎”等不同的合作策略①。换言之，政府与非营利组织之间是一种非对称的资源依赖结构②。

由于政府会影响社会组织与企业间的合作③，社会组织更需要通过拓展自身的关系网络以获得外界的支持，因此，社会组织的各种变通性的策略成为其生存的手段。朱健刚与陈安娜在对专业社会工作与街区权力关系的分析中发现，专业社工要想挽回自身的专业权力，必须在保持专业批判意识的同时，策略性地与政府建立合作关系，以此来使嵌入街区权力关系中的社工保持自身的独立性④。社会组织所能采取的策略也随着自身所处的环境发生变化，由此产生各种不同的国家与社会关系。张紧跟和庄文嘉提出“非正式政治”的概念，对广州业主委员会这一非政府组织进行了分析，指出 NGO 在无法通过正式的途径获取资源的情况下，通过非正式的途径——非正式政治行动来获取组织合法性，是一种在国家底线控制下夹缝中求生的做法⑤。邓宁华更是将这种策略形象地称之为“寄居蟹的艺术”，指出社会组织为了获得合法性和获得经济资源，体制内的社会组织凭借和利用国家的特殊合法性支持而进入社会领域，从而获得一定程度的自主性

① 何艳玲、周晓峰、张鹏举：“边缘草根组织的行动策略及其解释”，《公共管理学报》2009 年第 1 期，第 48 - 54 页。

② 徐宇珊：“非对称性依赖：中国基金会与政府关系研究”，《公共管理学报》2008 年第 1 期，第 33 - 40 页。

③ 蔡宁：“政府会影响非营利组织与企业的合作吗?”，《公共行政评论》2015 年第 5 期，第 114 - 128 页。

④ 朱健刚、陈安娜：“嵌入中的专业社会工作与街区权力关系——对一个政府购买服务项目的个案分析”《社会学研究》2013 年第 1 期，第 43 - 64 页。

⑤ 张紧跟、庄文嘉：“非正式政治：一个草根 NGO 的行动策略——以广州业主委员会联谊会筹备委员会为例”，《社会学研究》2008 年第 3 期，第 133 - 150 页。

与特定的合法性[1]，这种“游走于国家与社会之间”[2]的左右逢源的策略以及“在资源与制度之间”[3]的生存法则使社会组织在生存与自主之间取得了一定的平衡，社会组织在“正式合同”与“隐性契约”的双重约束下“夹缝中求生”，政府与社会组织之间关系也应为委托人和代理人之间的转换而实现动态转变[4]。

（五）组织自主性与合法性视角

还有一部分学者的研究不同于以上思路，主要从组织的自主性或者合法性出发，以此分析政府与社会组织之间的关系。社会组织要想在社会环境中生存下来，必须得到社会的认可、接受与信任，这就是组织的合法性[5]。组织的合法性受到制度的三大要素（规制性要素、规范性要素以及文化—认知性要素）的影响，三种制度要素的不同组合，会引发组织不同的行为选择[6]。因此，从组织的自主性与合法性角度探讨社会组织的功能特征具有实际意义。

高丙中较为系统地分析了中国社会团体的四种合法性类型。他从韦伯和哈贝马斯关于合法性权威的讨论出发，根据韦伯对社会秩序的四种基础论述将合法性分为社会合法性、法律合法性、政治合法性与行政合法性四个层次[7]。社会组织的社会合法性主要是指地方传统、共同利益、规则，社会组织要想生存与发展，首先需要具备上述三种社会合法性要求；行政合法性也就是形式合法性，就是社会组织成为社团法人的前提条件；政治

---

① 邓宁华：“寄居蟹的艺术：体制内社会组织的环境适应策略——对天津市两个省级组织的个案研究”，《公共管理学报》2011 年第 7 期，第 91 – 101 页。

② 陈天祥、徐于琳：“游走于国家与社会之间：草根志愿组织的行动策略——以广州启智队为例”，《中山大学学报》2011 年第 1 期，第 155 – 168 页。

③ 和经纬、黄培茹、黄慧：“在资源与制度之间：农民工草根 NGO 的生存策略——以珠三角农民工维权 NGO 为例”，《社会》2009 年第 6 期，第 1 – 21 页。

④ 陈天祥、郑佳斯：“双重委托代理下的政社关系：政府购买社会服务的新解释框架”，《公共管理学报》2016 年第 3 期，第 36 – 48 页。

⑤ Scott, W. Richard, Martin Ruef, Peter J. Mwmdel, and Carol A. Caronna, Institutional Change and Healthcare Organizations: From Professional Dominance to Managed Care. Chicago: University of Chicago Press, 2000: 237.

⑥ ［美］W. 理查德·斯科特著，姚伟、王黎芳译：《制度与组织——思想观念与物质利益》，中国人民大学出版社 2010 年版，第 135 页。

⑦ 高丙中：“社会团体的合法性问题”，《中国社会科学》2000 年第 2 期，第 100 – 109 页。

合法性更像是一种意识形态的合法性，也就是说社会组织要在“政治上正确”才能获得政治上的合法性。而法律合法性是以上三个合法性的核心。目前，在现有的社会管理体制下，社团难以同时具备以上四种合法性，社会团体将会在一定时间内呈现出“非法”的状态。徐佳良、许源亦从合法性理论背景下探讨了政府购买公共服务的绩效问题。他们运用“合法性—有效性”分析框架，从公共性、制度化、社会化的维度对政府购买的绩效合法性进行评价，提倡政府应该在合法性与有效性之间取得平衡①。管兵、岳经纶在对北京市19个业主委员会的研究中发现，社会组织的内部合法性和外部合法性同样重要，均会对社会组织的成立和发展产生重要影响。相对于外部合法性，内部合法性对业主组织的发展更加关键，它是业主开展维权的基础。如若内部合法性不能有效解决，将会导致社会组织内部发生合法性危机，进而影响到外部合法性②。

对社会组织自主性的探讨，进而解释国家与社会组织的关系，也是近年来部分学者所采取的一种研究视角。王诗宗、宋程成认为现有研究不论从结构性抑或能动性解释社会组织特征，都将社会组织的“独立性”与“自主性”所混同③。独立性更多的是结构色彩的，而自主性更多体现的是能动性，社会组织的自主性与独立性均不是单一维度的，而是复杂的制度环境因素综合决定的。因此，社会组织不论在自主性上还是独立性上均存在复杂性与多样性，这使得社会组织在整体上呈现一种“依附式自主”，且这种自主性还受到政治关联的影响④。王诗宗等通过混合研究方法发现，独立性与自主性之间存在相互影响，组织的资源独立性、对结构和行动的

---

① 徐佳良、许源：“合法性理论下政府购买社会组织服务的绩效评估研究”，《经济与社会体制比较》2015年第6期，第187－195页。

② 管兵、岳经纶：“双重合法性和社会组织发展——以北京市19个小区的业主委员会为例”，《广西民族大学学报》（哲学社会科学版）2014年第5期，第147－151页。

③ 王诗宗、宋程成：“独立抑或自主——中国社会组织特征问题重思”，《中国社会科学》2013年第5期，第50－66页。

④ 许鹿、李云：“社会组织在政治关联中的自主性生产何以可能？——评《跨部门协同中非营利组织自主性的形成机制》”，《公共管理学报》2013年第4期，第12－14页。

认同会影响组织的自主性①。对社会组织自主性进行维度划分的学者还有黄晓春、嵇欣，他们认为，要真正理解社会组织的自主性，就需要超越“结构约束”“策略行动”视角，将自主性与制度环境进一步剖析。为此，作者将社会组织的自主性分为三个维度：活动地域、活动领域以及运作过程，将制度结构划分为三类主体：“条”“块”以及“党群部门”。社会组织的不同维度自主性在不同制度结构中表现出了不同的类型（详见表2-2），由此作者提炼出一个“非协同治理与策略性应对”的分析框架②。

表2-2　不同制度逻辑下公共服务型社会组织的自主性空间

政府部门/自主性维度	活动领域	活动地域	运作过程	制度后果
“条”上政府部门	低自主性	高自主性	高自主性	推动政府目标导向的社会组织发展
“块”上政府部门	中等自主性	低自主性	中等自主性	推动区域性社会组织发展
党群部门	高自主性	同所在“条”或“块”	低自主性	推动“符号生产”类社会组织发展

资料来源：见脚注①。

三、对现有文献的总结与评价

基于对上述相关文献的梳理可以发现，已有研究对项目制的缘起、项目制的运行机制以及项目运行可能的后果进行了分析，对解释财政分权以来我国政府间层级关系奠定了一定的研究基础；学者们从新公共管理、福利多元主义、公民社会、法团主义、政府社会组织行动策略、组织合法性与自主性、公共选择理论、交易成本理论、新制度主义、资源依赖理论等

① 王诗宗、宋程成、许鹿：“中国社会组织多重特征的机制性分析”，《中国社会科学》2014年第12期，第42-59页。

② 黄晓春、嵇欣：“非协同治理与策略性应对——社会组织自主性研究的一个理论框架”，《社会学研究》2014年第6期，第98-123页。

视角对政府与社会关系进行了探讨，研究视角从只关注结构转向关注行动策略，为深入研究政府与社会组织的互动关系提供了新的思路。但项目制的运行逻辑并非只在财政领域存在，它早已溢出财政领域，成为基层政府社会治理领域一个重要的制度现象，项目制的解释逻辑也应该从上下级政府间的纵向解释框架推向兼顾横向的政府与社会组织关系的解释框架。已有研究对政府与社会组织关系的分析要么注重结构要素，要么关注行动分析，较少有文献将制度结构视角与过程事件分析结合起来。总体来说，已有文献存在以下几方面不足：

第一，虽然学界对项目制的研究热潮很高，但并没有将项目制形成一个有力的分析框架。项目制成为对应于单位制的新国家治理方式之一，应该具有很强的理论解释力，但就目前的研究来看，对项目制的概念化不够，也未对项目制进行相关理论要素的抽取，致使项目制还未成为一个可以用来解释治理现状的完整理论。此外，目前对项目制的讨论主要以分税制为起源，重在讨论项目在财政领域的运作过程。但事实上，项目制在政府社会治理过程中大量存在，社会服务项目制已经成为基层政府社会治理的重要手段。政府的公共服务职能属性决定了社会服务项目制是常态化的，这与财政领域项目制的临时性不同。遗憾的是，目前学界对社会服务领域的项目制讨论较为匮乏，虽有学者指出目前政府实际上是对社会组织实行项目制治理①并提出了多种治理手段和模式，但未能系统解释为何政府会呈现出这样的治理模式，也没有将社会服务领域的项目制与财政领域或政府上下级领域的项目制进行系统比较分析，致使项目制停留在对经验现象的解释上，未能在理论上有所推进。从项目制研究的范畴来看，已有研究大多集中在解释涉农项目上，尤其对“项目进村”的讨论比较多，但城市社区社会服务项目的运作模式与之大不一样，至于对社会服务领域项目制运作对政府与社会组织关系影响方面的讨论就更少涉及。

第二，已有研究事实上表明项目制已经超出了其事本主义特性，国家

---

① 王向民：“中国社会组织的项目制治理”，《经济社会体制比较》2014 年第 5 期，第 130 - 140 页。

治理通过项目确立了新的结构形态[1]。项目制本身也是一种发包体制，是分税制以来收入集权的条件下，中央政府依靠“条线”来加强对下级政府的控制，强调的是一种“条条”的发包[2]，而行政发包制更突出的是“块块”的发包，两者均强调在原有的科层体制之内嵌入一个市场化的发包体制，项目是介于科层制（官僚制、雇佣制）与市场制（发包制）之间的一种混合形态，但关于政府何时使用科层逻辑、何时使用市场逻辑以及这种逻辑对政府与社会组织各自行为逻辑产生了何种影响，“行政发包制”与项目制均没有进行系统的解释。从已有研究来看，学界对项目制的研究较少涉及类型划分，只有周雪光根据“专有性关系”与“参与选择权”对项目进行了类型学划分并通过剩余控制权的视角来解释上级政府通过何种方式来调动下级政府的积极性。但这一分析框架在社会服务领域并非完全适用，一方面，相对于政府与上下级关系来说，政府与社会组织之间除争夺控制权之外，还存在激励问题，社会服务项目制的分析框架必须同时兼顾控制与激励两方面因素；另一方面，与上下级政府之间的关系不同，政府对社会组织存在嵌入性监管的特征，且政府与社会组织关系会随着控制与激励程度的改变而发生变化。

第三，关于政府与社会组织研究关系的研究，目前学者们的研究视角依然没有脱离分类控制。虽然分类控制对现有的国家与社会关系提供了一个较为系统的研究视角，但分类控制研究仍然是静态的分类，而非动态的、多维的分析。分类控制仅仅是对政府与社会组织关系较为粗线条的概括，而社会服务项目制运行中基层政府与社会组织的行为逻辑常常是既隐秘又精细的，这使分类控制的解释力度受到影响。后续研究中虽然对政府与社会组织的关系研究转向从双方策略出发，但又存在缺乏关注结构环境的问题。总体而言，以往的研究要么从市民社会二分、法团主义、国家与社会、福利多元主义等结构视角出发，但缺乏对政府与社会组织各自行为

---

① 渠敬东：“项目制：一种新的国家治理体制”，《中国社会科学》2012 年第 5 期，第 115 页。

② 周雪光、练宏：“中国政府的治理模式：一个‘控制权’理论”，《社会学研究》2012 年第 5 期，第 73－75 页；周黎安：《转型中的地方政府：官员激励与治理》，格致出版社、上海人民出版社 2008 年版，第 66 页。

逻辑的分析；要么直接从具体的某种关系形态出发，缺乏对结构和制度环境的关注，这导致了对政府与社会组织关系的研究没有形成统一的解释框架；要么过于关注政府对社会的控制，而忽略组织自身的能动性和政府内部的复杂性。即使有部分学者提出了政府与社会组织之间是动态演变的关系，且在不同的政府与社会组织关系形态下政府与社会组织会表现出不同的行动策略，但并没有对这种差异化行为背后的逻辑进行系统解释。事实上，正是由于社会服务项目在特定的制度和环境要素下改变了激励与控制程度，才导致政府既不完全按照市场的逻辑行动，也不完全实施行政化操控，而是采取了市场与科层手段相互嵌入、相互转化的行动策略，社会组织随之进行策略性的应对与合作。

第二节 理论基础与分析框架

根据对已有文献的分析和梳理，本书将从社会服务项目制的产生、特点与运行机制对其进行概念化操作，从威廉姆森层级制与市场制的分析框架来建立社会服务项目制的分析框架，以呈现政府与社会组织在不同项目中的行动策略并对其进行解释。

一、社会服务项目制的产生：多重逻辑下的政策合流

社会服务项目制成为现阶段政府社会治理的重要手段，在一定程度上说，社会服务项目最终会以社会治理领域公共政策的形式而推行。而任何公共政策最终进入政策议程都是由问题流、政策流、政治流三流耦合而成[①]，政策之窗一旦打开，公共政策成为决策方案便只需政策企业家的推

① Kingdon John W., Agendas, Alternatives, and Public Policies, New York: HarperCollins College Publishers, 1995: 158.

波助澜[1]。社会服务项目制就是在政府职能转移的问题流、绩效合法性的政策流以及对社会的合法性控制政治流三种源流耦合的情况下产生（详见图2－1）。

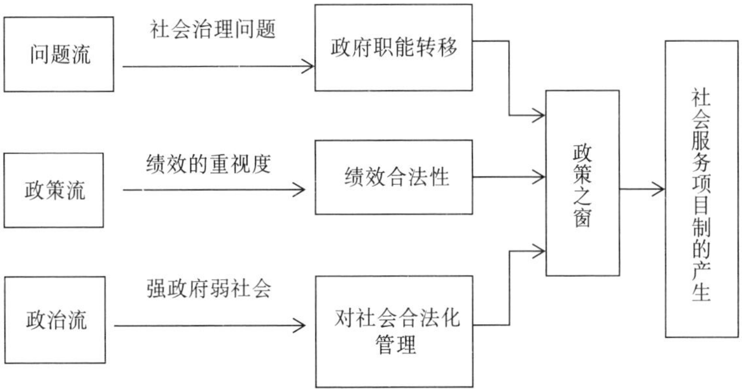

图2－1　多重逻辑作用下的社会服务项目制产生

资料来源：作者自制。

第一，社会服务项目制是政府职能转移的重要手段，是解决社会治理难题的问题流的体现。因经济体制改革的深化而诱发的社会结构巨变和治理方式的重塑，要求政府减少对经济领域的直接控制，而将更多的精力投入公共服务领域，并实现由全能型政府向有限责任型政府的转变。2013年3月10日第十二届全国人民代表大会一次会议审议通过的《关于国务院机构改革和职能转变方案的说明》中明确提出要通过推进职能转移、职能下放、职能整合和职能加强来实现政府职能转变。其中，推进政府职能转移被列为转变政府职能的首要目的，主要是指“着力解决政府与市场、政府与社会的关系问题，充分发挥市场在资源配置中的基础性作用，更好发挥社会力量在管理社会事务中的作用”。狭义的职能转移包括政府职能的内部转移和外部转移两个方面，内部转移主要是政府内部纵向上下级政府间和横向部门之间的职能转移，外部转移是指政府部门外部的职能转移，特

① 魏淑艳，孙峰：“‘多源流理论’视阈下网络社会政策议程设置现代化——以出租车改革为例”，《公共管理学报》2016年第2期，第1－13页。

指与非政府部门间的职能调整。本书所指的政府职能转移主要是政府职能的外部转移，在这个过程中，一些地方政府将部分公共服务职能以合同外包的形式转移给社会组织，以解决“条块分割”体制的碎片化弊端，社会服务项目制应运而生。

第二，社会服务项目制是绩效合法性逻辑在社会服务领域的延续，绩效合法性正好体现了社会服务项目制的政策流。已有文献证明了改革开放以来中国政府的合法性权威主要来自绩效的表现①。中国上下分治的治理体制决定了上级政府必须对下级政府进行激励才能产生较好的治理绩效，社会服务项目制作为一种新的公共服务供给方式正好满足了政府的绩效合法性要求。而政府与 NGO 的合同关系更多的是政治而非经济行为②，绩效合法性作为一种政治理性对政府公共服务合同外包起重要作用，社会服务项目制已成为基层政府社会治理创新的重要抓手。

第三，社会服务项目制为政府对社会组织实施合法化管理提供了条件，是公共政策形成的政治流体现。有别于西方国家的强社会特点，我国总体上依然是“强国家、弱社会”格局。目前，一些地方政府积极培育社会组织，却显示出扶持中的控制，是一种控制与赋权的逻辑③，而社会服务项目制为政府提供了管理社会组织的合法性途径。

二、社会服务项目制的特点

美国项目管理协会（PMI）编写的《项目管理知识体系指南》（PMBOK®指南）中指出，项目是一种临时性、阶段性的为完成特定服务或任务的努力。因此，项目具有独特性、复杂性、关联性、目标性、时间

---

① 杨宏星、赵鼎新：“绩效合法性与中国经济奇迹”，《学海》2013 年第 3 期，第 16 页。

② Anna Y. N. , Stuart B. , The Decision to Contract out: A Study of Contracting for E－Government Services in State Governments. Public Administration Review, 2007, 67 (3): 541; Vanslyke D. M. , The Mythology of Privatization in Contracting for Social Services. Public Administration Review, 2003, 63 (3): 307—308.

③ 敬乂嘉：“控制与赋权：中国政府的社会组织发展策略”，《学海》2016 年第 1 期，第 22－23 页。

期限性、预算性以及按规格说明书执行的特点①。但在社会服务领域，项目制供给模式是中国基层政府缓和社会矛盾、解决社会难题的手段，它不仅具有合同外包的特点，还具有政府绩效合法性逻辑下的行政化色彩，是介于科层与市场之间的制度机制。与上下级政府间的项目制相比，社会服务领域的项目制具有以下几个特点（详见表2-3）：

表2-3　　上下级政府间项目制与社会服务项目制的比较

项目类型 / 项目属性	上下级政府间项目制	社会服务项目制
形成目的	政府间激励	缓和社会矛盾、对社会实行合法化管理
项目特征	临时性、结果导向	常态化、过程导向
运作逻辑	纵向控制："行政发包制" 横向竞争："晋升锦标赛"	纵向权力模式——科层制 横向合同模式——合同制
权责归属	上级政府	各级政府

资料来源：作者自制。

第一，不同于上下级政府间项目制的临时性、专项性和监督的结果导向特点，社会服务领域的项目制因社会建设的长期性和固定性而体现出常态化特征，其目标主要是缓和社会矛盾、对社会实行合法化控制，因此，政府对项目的监督往往是过程式的。

第二，与上下级政府间项目制的运作逻辑不同，社会服务领域项目制存在两种运作逻辑，纵向是权力控制下的科层化供给模式，横向是政府与社会组织之间的合同化供给模式，且纵向政府之间的权力关系往往会影响横向关系，实际反映的是权威模式与协商模式的交叉运行②。

第三，相对于上下级政府间项目制中的上级拥有权责而下级只具有反控筹码而言③，在社会服务项目制中，外包的只是公共服务业务而非公共

① ［美］罗伯特·K. 威索基著，费琳译：《有效的项目管理：面向传统、敏捷、极限项目》（第5版），电子工业出版社2011年版，第15-17页。

② ［美］菲利普·库珀著，竺乾威、卢毅、陈卓霞译，竺乾威校：《合同制治理：公共管理者面临的挑战与机遇》，复旦大学出版社2007年版，第46-53页。

③ 陈家建、张琼文、胡俞："项目制与政府间权责关系演变：机制及其影响"，《社会》2015年第5期，第4页。

服务责任，政府为规避风险采取各种科层手段对社会组织进行管理，而社会组织则只能利用专业知识优势对政府进行反控制。

三、社会服务项目制的运作：激励与控制下的科层、市场互嵌

在新公共管理运动的浪潮下，公共服务合同外包已经成为世界各国政府普遍采取的方式，但它是一种以绩效为导向的合同外包①，也是一种契约化的行为方式。但我国在社会发育不成熟和绩效合法性的潜在约束下，项目的运行常常糅合了科层与市场两种逻辑，经常体现出形式上的契约化供给与实质上的行政化控制②。并且更多情况下科层逻辑与市场逻辑是互嵌的，如在很多政府购买的社会服务项目中，承接社会服务的非营利组织本身就具有半官方性质，这导致项目在运行中既具有科层逻辑，也具有市场逻辑。波兰尼（Karl Polanyi）最先提出“嵌入”一词，主要用于对市场与社会关系的分析，认为市场是对社会的“实体性嵌入”③。而格兰诺维特（Mark Granovetter）则认为，市场是对社会的“形式性嵌入”④。他们都强调了一个重要的现象，即社会与市场是无法隔离的，是互嵌的。社会服务项目制的运行具有嵌入性的特点，体现了公共合同治理中权威模式与合同模式的冲突。威廉姆森（Oilver E. Williamson）从交易成本视角出发，对市场制、混合制和层级制进行了区分，并提出激励强度、行政控制和合同法制度是区别三者的关键维度⑤。他认为市场制通过强激励、弱行政控制和司法争端解决机制进行自主适应，而层级制通过弱激励、强行政控制和企

---

① Lawrence L. M., Performance - based Contracting for Human Services: A Proposed Model. Public Administration Quarterly, 2007, 31 (1/2): 130 - 158.

② 吴月：“吸纳与控制：政府购买公共服务背后的逻辑”，《上海行政学院学报》2015 年第 6 期，第 75 - 83 页。

③ ［英］波兰尼著，黄树民译：《巨变：当代政治与经济的起源》，社会科学文献出版社 2013 年版，第 25 页。

④ Gannovetter M., Economic Action and Social Structure: The Problem of Embeddness. American Journal of Sociology, 1985, 91 (3): 504 - 507.

⑤ Williamson O. E., Public and Private Bureaucracies: A Transaction Cost Economics Perspective. Journal of Law, Economics, & Organization, 1999, 15 (1): 312 - 314. (JLEO Bureaucracy Conference).

业内部争端解决机制而实现协同适应。虽然社会服务项目制是介于发包制与科层制之间的一种混合制度形式，且不完全等同于经济学领域的企业发包制与雇佣制，这是由于承接社会服务项目的社会组织并非完全意义上的企业组织。但在区分公共服务项目制究竟采用市场还是科层的问题上，威廉姆森的三维度分析框架给了我们启发：随着激励程度与行政控制的不同，政府的公共服务逻辑会发生变化。因此，类型的划分有助于对研究对象的条理化认识，也是提炼理论的重要方法，汤普森认为“一个学术领域走向相对成熟的标志，体现在它对于类型化的差异的关注”①。因此，我们通过激励程度与控制程度的强弱组合，可以得到一个二维的矩阵图（详见图2－2）。

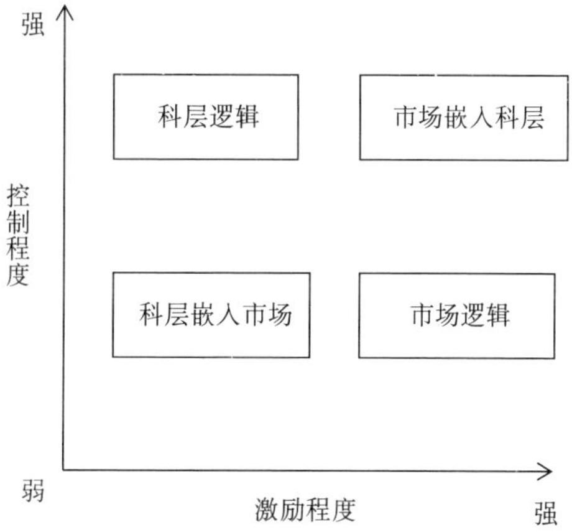

图2－2　社会服务项目制下的科层与市场互嵌逻辑

资料来源：作者自制。

图2－2中右下角和左上角分别是科层与市场两个极端，左下角与右上角分别代表的是市场与科层互嵌的结果，对应的是威廉姆森所说的混合模式。但与之不同的是，在社会服务项目制运作过程中，由于不同的嵌入方式会在很大程度上影响政府与社会组织的行为逻辑，因此，我们将混合模式进一步区分为科层嵌入市场与市场嵌入科层两种情况。当控制程度较

① ［美］詹姆斯·汤普森著，敬乂嘉译：《行动中的组织：行政理论的社会科学基础》，上海人民出版社2007年版，第203页。

高、激励程度也较高时，政府有很强的动力推进项目，其行为偏向于使用市场逻辑，但由于市场化的服务供给带来的风险也较高，所以，政府最终既要按市场行为推进项目，又要把控项目运行的风险，最高明的办法就是运用市场或合同本身的约束力来管理社会组织，因此，此时是一种市场嵌入科层的行为逻辑；而当控制程度和激励程度均较低时，政府首先没有动力推进项目，但项目本身又必须落实，对政府而言，运用科层的逻辑推进项目是最为稳妥的方式，因此，此时是一种科层嵌入市场的行为逻辑。

那么社会服务项目制究竟是如何使基层政府游走于科层与市场之间的呢？社会组织又是如何应对政府不同的行为策略呢？本书将激励程度与控制程度进一步细化，用目标一致性维度来测量激励程度，使用资源依赖程度与监管嵌入性来衡量项目运行中的控制程度。

第一，组织目标是提供指定与选择行动方案的准则，是决策与行动的方向与约束，可以提供辨识和评估特定的组织运作的准则，并指导行为、激励行为、标志行为、证明行为和评价行为①。因此，基层政府与社会组织双方的价值目标与偏好是否一致会影响二者合作的策略②，两者之间价值的偏好也会导致委托人和代理人的投机行为而造成效率的损失，从而影响合作关系形态③。基层政府通过社会服务外包项目来实现社会服务的供给，其自身的发展目标与社会组织作为理性经济人④之间存在着目标分立的潜在压力：一方面，在社会服务项目制的供给模式下，作为委托人的基

---

① ［美］W. 理查德·斯科特、杰拉尔德·F. 戴维斯著，高俊山译：《组织理论：理性、自然与开放系统的视角》，中国人民大学出版社 2011 年版，第 210 页。

② Najam A., The Four - C's of Third Sector - Government Relations. Nonprofit Management and Leadership, 2000, 10 (4): 382 - 384。

③ Boycko M., Shleifer A., and Vishny R. W., A Theory of Privatization. Economic Journal, 1996, 106: 318; Dehoog R. H., Evaluating Human Services Contracting: Managers, Professionals, and Politicos, State & Local Government Review, 1986, 18 (1): 37 - 38；敬乂嘉：“社会服务中的公共非营利合作关系研究——一个基于地方改革实践的分析”，《公共行政评论》2011 年第 5 期，第 7 - 10 页。

④ 需要指出的是，本书虽然强调社会组织并非是完全意义上的企业组织，不以利益最大化为主要目的，但社会组织必须通过获取资源以获得组织的生存、人员晋升等，因此社会组织在没有解决生存问题的前提下，其行为必然会在要“活命”或要“使命”之间徘徊，并在多数情况下遵循理性经济人的逻辑。

层政府有着整体上晋升的激励，目标趋向于以治理创新来解决社会问题，以此获得更多的社会合法性；而社会组织首先要解决的目标是生存问题，二者之间存在目标的不一致。另一方面，在“条块分割”的政府管理体制下，各个部门之间的目标也存在不一致性。各部门对与本部门职能相关的社会服务项目较为重视，而对与职能目标相冲突的项目则比较不配合，由此就产生了目标不一致的选择性机制。这种目标分立的程度会影响激励，从而影响政府与社会组织最终的行为选择。

第二，组织对环境资源的依赖程度会影响其在运行过程中的权力支配情况，因此组织在大多数情况下都选择受约束最少的途径协调同其他组织的关系，以此来减少交换关系所带来的依赖性①。交易能否有效推行，要在依赖等级权威和指令的组织与依赖价格信号的市场之间进行选择②，且制度环境能够从根本上影响交易成本的节约程度③。因此，理性的组织会试图减少或分散其对外的依赖性，并通过调整组织结构来将其依赖多元化，以对未来环境进行控制④，组织的主要任务也就成了处理与环境中各参与方的依赖关系以争取对自己有利的地位。社会服务项目制通过资源整合与动员的方式，在原有的科层体制外成立相应的临时小组和目标明确的组织规则，有助于增强资源动员的能力和减少对某个特定组织的资源依赖。而资源依赖程度的大小决定了权力的大小，即依赖性较小的主体比依赖性较大的主体拥有更多权力，后者将处于不利地位⑤。因此，政府对社会组织的资源依赖程度强弱会影响政府在与社会组织合作过程中的权力配置情况，资源依赖程度越高，政府在双方的权力配置中越处于劣势，越要加强对社会组织的控制以改变不利地位，社会组织需要对政府的这种控制

① 费显政：“资源依赖学派之组织与环境关系理论评介”，《武汉大学学报》（哲学社会科版）2005 年第 4 期，第 452 页。

② ［美］威廉姆森著，蔡晓月、孟俭译：《市场与层级制：分析与反托拉斯含义》，上海财经大学出版社 2011 年版，第 95－120 页。

③ ［美］道格拉斯·C. 诺思著，杭行译，韦森译审：《制度、制度变迁与经济绩效》，格致出版社、上海人民出版社 2014 年版，第 39－41 页。

④ 敬乂嘉：《合作治理——再造公共服务的逻辑》，天津人民出版社 2009 年版，第 56 页。

⑤ Epstein, E. M., Business Political Activity: Research Approaches and Analytical Issues. Research in Corporate Social Performance and Policy, 1980, 2: 155.

行为进行应对。本书将政府对社会组织的资源依赖程度划分为对社会组织的专业性依赖和项目绩效依赖两个层次①。

第三，监管嵌入性反映了组织的控制强度。不完全契约理论从产权角度出发，认为由于信息的不完全和认识的有限性导致完全契约事实上的不存在②。这就导致合同外的剩余控制权的存在和控制权的归属对参与双方的激励问题③。政府在公共服务外包的过程中，只是将服务业务承包给社会组织，但提供公共服务的责任依然在政府，这就决定了社会服务项目供给失败的风险也主要由政府承担，社会组织可以通过不承担风险的优势而对政府实施反控制。因此，作为委托人的基层政府必然要对合同的履行情况进行监控。学者将嵌入性理解为个体多大程度上嵌入一个网络或个体是否为某个社会网络的一部分④。本书的嵌入性实际上就是指在政府监管过程中，是否将社会组织嵌入自身体制，主要分为两个层次，一是对社会组织的结构嵌入；二是对社会组织的政治嵌入，后者指政府在监管过程中，是否将自身意志加入项目。嵌入性越强，政府对社会组织的控制程度也越强，社会组织对此呈现出差异化的行为逻辑。

通过对以上三个维度的分析，本书认为上下级政府、政府与社会组织之间各自的目标一致性不同，会导致激励程度的不同；资源依赖度强弱与监管的嵌入性将会影响项目运行中权力分配与控制程度。当政府与社会组织之间的目标趋向于一致时，双方受到较高的激励共同完成外包事务。社

---

① 需要说明的是，资源依赖程度本身是双向度的，基层政府会对社会组织产生资源依赖，社会组织对政府也会形成资金依赖和合法性依赖。但从目前我国社会组织的发展程度和政府对社会组织的管理来看，由于社会组织没有其他资金来源的渠道（如社会捐赠），所以社会组织对政府的资金依赖是绝对性的，不论何种社会服务项目，社会组织一旦离开政府的资金支持，就会危及到其生存。从这个意义上讲，社会组织对政府的资源依赖程度处于一个既定的水平，因此，本书为便于发掘基层政府的行为逻辑和进行类型学划分，主要关注政府对社会组织的资源依赖，并将其分为专业性依赖和项目绩效依赖两个层次。

② Hart O., Moore J., Property Rights and the Nature of the Firm, Journal of Political Economy, 1990, 98 (6): 1121—1122.

③ Hart O., Shleifer A. and Vishny R. W., The Proper Scope of Government: Theory and an Application to Prisons, Quarterly Journal of Economics, 1997, 112 (4): 1128.

④ Tsai L., Solidary Groups, Informal Accountability, and Local Public Goods Provision in Rural China. American Political Science Review, 2007, 101 (2): 356；朱旭峰："中国社会政策变迁中的专家参与模式研究"，《社会学研究》2011 年第 2 期，第 5 页。

会服务项目涉及的领域较为广泛，如社区、长者、青少年、家庭、企业及外来务工人员、心理援助、社区矫正等领域，但从项目的属性来看，主要包括四个类别：第一类为社区探索性项目，这类项目主要是基层政府为探索社区服务模式而开设的试验型项目；第二类为政绩亮点工程项目，是社会服务项目推进到一定阶段并成为政府绩效的重要代表性项目；第三类为上下级政府共同推进的服务项目，这类项目中，下级政府的积极性受到上级政府的约束；第四类为综治维稳领域的服务项目，一方面既是政府的部分政绩，另一方面又是政府必须要控制的项目。以 H 街道 2016 年社会服务项目为例，全年共 37 个社会服务项目，从项目属性来看，也主要属于以上四类项目①（见表 2－4）。

表 2－4　H 街道“关爱基金”社会服务项目类型划分（以 2016 年项目为准）

项目类型	项目名称
社区探索型项目	携手社工计划——H 街道 X1 社区发展服务
	携手社工计划——H 街道 Y 社区长者服务
	携手社工计划——H 街道 E 社区自组织培育
	携手社工计划——H 街道 P 社区融合项目
	携手社工计划——H 街道 F 社区融合服务项目
	H 街道少年创客养成计划
	H 街道 PD 青少年服务
	爱心学堂项目——认识城市之旅计划
	H 街道 X 社区建设计划
	H 街道 XD 社区青少年服务项目
	H 街道 YC 社区长者组织孵化项目
	H 街道 YH 社区发展服务
	H 街道 X2 社区长者服务
	H 街道 SK 社区长者服务

① 本表中共 36 个服务项目，因“关爱课程进校园”项目由 H 街道教育局承接，因此未列入本表。

续表

项目类型	项目名称
政绩亮点项目	H长者颐乐中心院舍长者服务项目
	H街道驻校社工服务——青少年阳光动力计划
	N区第二人民医院医务社工服务项目
	N区人民医院医务社工服务项目
	“关爱H城”企业创享家服务
	H街道“青苹果之家”青少年服务项目
	H街道关爱育苗服务计划
	H街道GY社区长者照顾服务
	H街道“学校+社工”青少年服务
	H街道商界关爱联会服务
综治维稳型项目	S新城社区综合服务项目
	P村上海村个案调解项目
	“关爱H城”创益中心天台农场项目
	H街道L社区融建服务项目
	H街道XB社区社会服务
	H街道党员志愿服务中心项目
	H街道社区矫正服务“风信子”行动项目
上下级共同推进的项目	H街道J产业园社区“职工·家”服务
	“职工·家”企业员工服务计划项目
	H街道DE社区“职工·家”服务
	H街道D社区融爱家庭服务中心项目
	H街道PS社区家庭服务中心项目

资料来源：作者自制。

在社区探索性服务项目中，如社区新引进的服务项目，公共服务相对于社区而言为增量，基层政府与社会组织的目标主要是保证项目落地并长期合作。此时，基层政府与社会组织之间的资源依赖程度较低，双方的控制力度也相应较弱。基层政府将公共服务项目的设计和实施委托给社会组织，监管的嵌入性也较低。在这种情况下，社会服务项目制呈现出强激励、弱控制的特点，基层政府在此类项目运作中更倾向于采取市场导向的行为逻辑，社会组织也为此积极行动，通过在项目运行中注重项目质量、提高服务的专业性来获得政府持续的资金支持。

在政绩亮点工程项目中，公共服务项目承载了“晋升锦标赛”的功能，政府与社会组织之间的目标较为一致，双方都希望项目能成为“亮点”。此外，政府还会通过各种优惠政策来对社会组织实施激励。在此类项目中，政府与社会组织之间的资源依赖程度较高，政府依靠社会组织的服务来保证政绩的延续性，社会组织通过依赖项目塑造自身品牌；基层政府为了保证亮点工程绩效，往往在项目立项、实施过程中加入自身的意志，监管嵌入性较强，从而加强了对社会组织的控制。这时，基层政府将市场逻辑嵌入科层逻辑，社会组织由此也利用政府对自身的依赖展开反控制，并进行“消极的合作”。

在某些上级指定的社会服务项目中，因上下级政府间目标存在不一致性而抑制了基层政府的行为积极性。社会组织在项目运转过程中往往接受上级政府与基层政府的双重财政支持，这就降低了社会组织对基层政府的资源依赖，也降低了基层政府对社会组织的控制程度。由于此类项目中，大部分社会组织需要接受基层政府与上级政府的双重考核，因此，基层政府不便将自身意志强加在项目中，体现出一种弱控制的特点。这种情况下，基层政府倾向于与社会组织合谋，以此来对上级政府实施反控，是一种将科层嵌入市场的行为逻辑，而社会组织在与政府合作中积极配合政府的行为，借助政府的力量来增强自身的专业性。

而在某些涉及综治维稳等领域的社会服务项目中，基层政府的目标是缓解体制内人员编制不足的压力，具有“官方背景”的社会组织只是为了在公共服务外包中“分一杯羹”，双方的目标存在不一致性，政府对社会组织也没有实施强有力的激励；从控制程度来看，政府扶持的社会组织对项目资金有较高的资源依赖度，政府对项目的监管也具有嵌入性的特点。在此类项目中，政府将社会组织直接纳入成为体制的一部分，看似实行的是市场化的公共服务外包，实则无异于科层供给的老路，政府的行为策略因而也显示出科层化的特点，社会组织借助自身与体制的联系甘愿接受这种吸纳，通过“主动受嵌”的方式赢得政府的信任并获取资金支持。

综上所述，社会服务项目制运作下政府的行为逻辑呈现出游走于科层与市场之间的特点，社会组织则与基层政府进行策略性合作（详见表2-5）。

表2-5　社会服务项目制运作下基层政府与社会组织行动策略

行为特点	激励程度	控制程度		政府行为策略	社会组织应对策略
	目标一致性	资源依赖度	监管嵌入性		
市场导向	强	弱	弱	“通过契约的合作”	“突出质量”与“落实项目”
市场嵌入科层	强	强	强	“通过合同的控制”	“敲竹杠”式的“反控制”
科层嵌入市场	弱	弱	弱	“通过合谋的合作”	“配合”与“共谋”
科层导向	弱	强	强	“通过吸纳的控制”	“自愿受控”与“主动受嵌”

资料来源：作者自制。

四、总体框架

综上所述，本书从社会服务项目制视角出发，重点分析社会服务项目制运作中激励与控制程度的变化对基层政府与社会组织各自行为逻辑的影响，并对双方的行动策略进行类型学划分。具体来说，本书的分析框架包含三个维度的逻辑：社会服务项目制的产生、特点与运行机制；社会服务项目制运作中基层政府与社会组织的四种行为逻辑及其解释；社会服务项目制运作的结果。通过三个维度的分析，本书试图回答：社会服务项目制是如何产生的，与财政领域的项目制有何区别？基层政府在科层与市场互嵌的项目运作中表现出何种行动策略？社会组织对此又采取了何种应对措施？双方为何会采取此种策略？这种社会服务项目制运作的结果会对政府与社会组织各自产生何种影响？由此产生了本书的结构框架图（详见图2-3）。

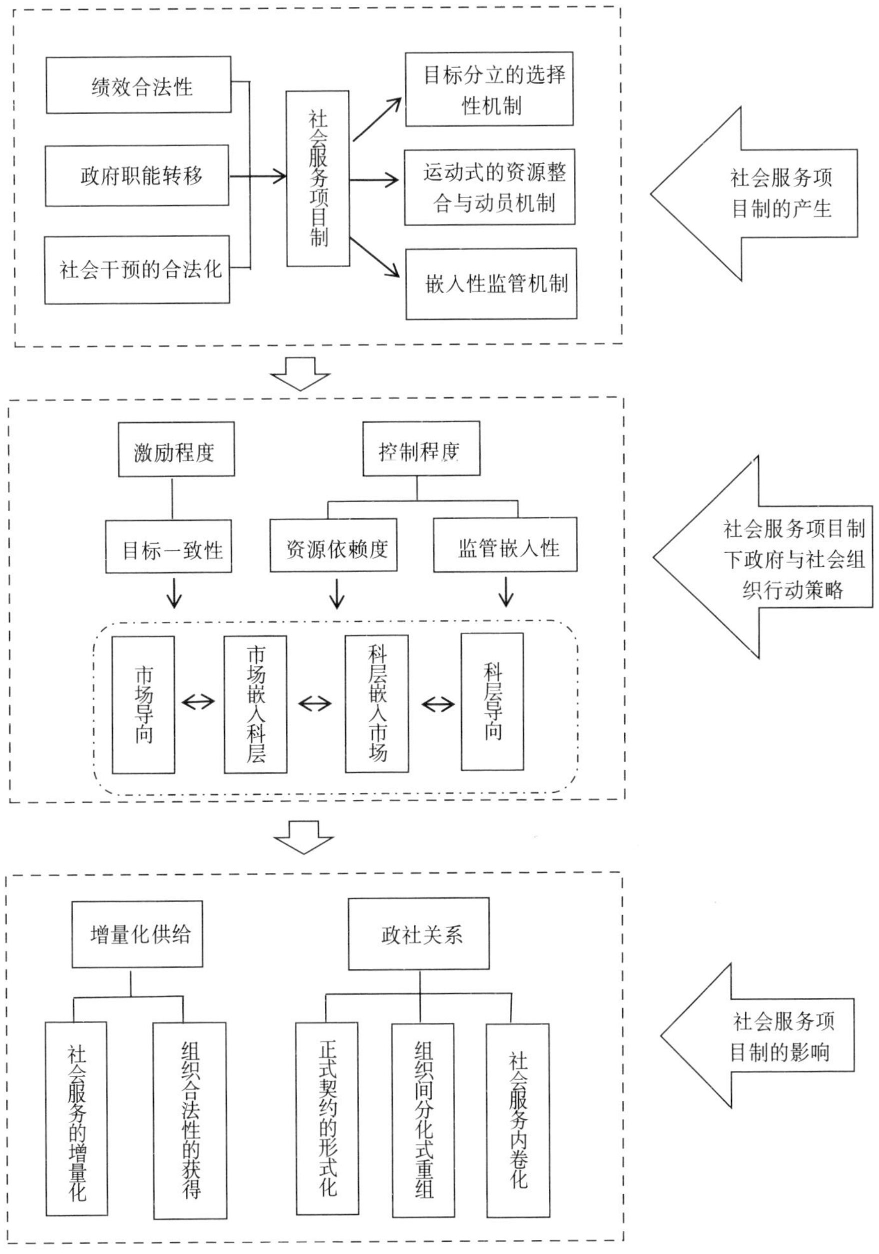
绩效合法性
政府职能转移
社会干预的合法化
社会服务项目制
目标分立的选择性机制
运动式的资源整合与动员机制
嵌入性监管机制
社会服务项目制的产生
激励程度
控制程度
目标一致性
资源依赖度
监管嵌入性
市场导向
市场嵌入科层
科层嵌入市场
科层导向
社会服务项目制下政府与社会组织行动策略
增量化供给
政社关系
社会服务的增量化
组织合法性的获得
正式契约的形式化
组织间分化式重组
社会服务内卷化
社会服务项目制的影响

图 2－3　本书的结构框架

第三章

社会服务项目制：一种介于科层与市场之间的混合制

项目或项目管理在管理科学或管理工程领域已经大量使用，它更多的是基于一套技术的应用。但在社会科学领域，学界对项目是基于一种制度的讨论，因此，学者们将政府利用项目进行治理的方式称之为与单位制相呼应的一种制度——项目制。如同单位制一样，项目制概念极具本土化意义。项目制最早起源于财政领域，1994 年分税制以后，上级政府通过转移支付的方式激励下级政府开展公共服务，以弥补由分税制带来的地方财政不足。但项目制并不仅仅是财政制度改革的结果，而是政治、经济、社会等一系列错综复杂的要素综合作用的结果，分税制只是项目制产生的前提和基础。由于社会服务的特殊性，介于科层与市场之间的社会服务项目制不同于政府上下级之间的项目制，社会服务项目中除上下级政府之外，还包括承接社会服务的社会组织，这使其中的关系更为复杂、互动更为频繁。由此，社会服务项目制的产生、特点和运行机制也不同于政府上下级之间的项目制。

本章主要从以下三个方面探讨社会服务项目制：首先，社会服务项目制基于一种公共政策和国家治理制度是如何产生的？其次，社会服务项目制与财政领域的项目制在项目特征、项目运行和项目权责分配方面有何不同？最后，结合经验案例对我国的社会服务项目制发生过程和运作机制进行归纳。

第一节　社会服务项目制产生：多重逻辑作用下的 H 街道公共服务供给

渠敬东在对项目制进行界定时强调项目制需要更多的结构要件才能产生：一是自上而下的财政再分配制度改革，保证了上级政府可以规范化、权威化和专业化的将财政资金转移给地方政府；二是项目在分税制之后充当了地方政府维持财政收入的激励因素；三是市场化改革的不断推进要求中央政府实施积极的财政政策，采取扩张性的宏观经济政策来增加需求，项目制正好提供了这样的渠道；四是政府提供公共物品和公共服务的要求给专项资金的运转提供了条件；五是在维持国家自主性的同时保证能够继续产生治理绩效，项目制正好符合这一要求①。社会服务领域的项目制属于国家治理体制的一部分，其运作逻辑必然与官僚体系内部的治理逻辑密不可分。但由于社会服务本身的特殊性，也使得这一领域项目制的产生与财政领域的项目制的产生逻辑有所不同②。总体来说，社会服务项目制成为现阶段政府社会治理的重要手段，是政府渐进性试错的结果③，这与经济体制改革的逻辑一致。社会服务项目制事实上已经成为一种自上而下的公共政策，因此它是由政府职能转移下的公共服务外包、绩效合法性逻辑在社会领域的延续和政府对社会的合法化管理三个原因相互作用而产生。

一、政府职能转移：社会服务项目制产生的外部动因

因经济体制改革的深化而诱发的社会结构巨变和治理方式的重塑，要求政府减少对经济领域的直接控制，而将更多的精力投入到公共服务领域，并实现由全能型政府向有限责任型政府的转变。在这个过程中，地方政府以合同外包的方式转移部分公共服务职能，以解决“条块分割”体制的碎片化弊端，社会服务项目制成为公共服务外包政策产生的“问题流”。

（一）经济快速发展与社会结构的巨变

20 世纪 70 年代开始的市场化改革带来了经济的快速发展，同时也重塑了政府、市场、社会三者之间的关系。经济体制改革的实质是政府在经济领域的放权，事实上是一种分权逻辑。政府逐渐退出对经济的直接干预与控制，使市场的力量逐渐增强，经济结构由此发生了重大变化。然而经济结构会对社会结构产生重要影响，在经济结构主体由单一向多元转变的

---

① 渠敬东：“项目制：一种新的国家治理体制”，《中国社会科学》2012 年第 5 期，第 113 - 130 页。

② 管兵、夏瑛：“政府购买服务的制度选择及其治理效果：项目制、单位制、混合制”，《管理世界》2016 年第 6 期，第 58 - 72 页。

③ 王向民：“中国社会组织的项目制治理”，《经济社会体制比较》2014 年第 4 期，第 130 - 140 页。

同时，社会阶层也由固化的阶层结构分化为复杂的阶层结构[①]，由总体性社会释放出来的社会力量也就逐步强大起来。但我国政治体制改革与社会保障制度建设未能与经济体制改革相适应。社会变迁的加剧和体制改革的滞后，致使社会主要矛盾发生了变化，越来越多的不稳定因素由此产生：快速城镇化致使大量农业人口涌入城市，社会需求急速增加；经济的快速发展，造成了财富的两极分化，诱发了各种社会问题；社会力量不断壮大，但没有合适的通道发挥社会的实际作用；经济理性的不断强化，改变了原有的“熟人社会”结构，人与人之间的陌生感不断加剧。这一切都要求政府必须尽快出台相应措施以解决日益突出的社会问题。

H街道位于珠江三角洲，是改革开放的最先受益者之一。H街道是F市N区的政治、经济、文化中心，受珠三角核心城市的直接辐射，经济发展程度高。2011年H街道人均GDP已达到中等发达国家水平，进入“以实现人的全面发展为主要目标的发展型社会”[②]阶段。“十三五”期间，H街道地区生产总值从413亿元增长至655.95亿元，增长58.83%；税收总额从134.84亿元增长至162.36亿元，增长20.41%；可支配财力收入达到75.63亿元，为5年前的近3倍；全社会固定资产投资连跨三个百亿元台阶，从165.05亿元跃升至459.39亿元[③]，重要经济指标位列F市各镇街前列，N区称其为“全区税收的领头羊”[④]。

伴随着H街道经济快速发展而来的是大量的外来人口聚集以及快速的城镇化。2015年，H街道常住人口超65万人，其中户籍人口仅约为25万人[⑤]，外来人口绝对倒挂。2020年年末，H街道常住人口以73.29万人位

---

① 骆正林：“转型期中国社会结构的演变趋势”，《华南农业大学学报》（社会科学版）2013年第1期，第127－134页。

② H街道办事处：《F市N区H街道经济和社会发展“十二五”规划纲要》，2010年10月，http://www.guicheng.gov.cn/cms/sites/nhgc/search.jsp。

③ F市N区H街道办事处：《H街道2020年工作总结和2021年工作计划》，N区H街道政务信息网，http://www.nanhai.gov.cn/fsnhgc/gkmlpt/content/4/4710/post_4710090.html#1914。

④ 李丹丹、黄淦颖：《创新招商思维，培养发展后劲》，《珠江时报》，2015年5月18日，http://szb.nanhaitoday.com/zjsb/html/2015－05/08/content_229343.htm?div=－1。

⑤ 《H街道概况》，N区H街道政务信息网，http://www.guicheng.gov.cn/cms/html/2110/column_2110_1.html。

居F市人口最多的镇街之一[①]。外来人口为城市经济发展带来了重大贡献，但他们的切身利益并未得到合理维护。以H街道为例，大量的社区成为出租屋集聚区，社区小学本地学生与外来务工人员子女比例为1∶7，外来务工人员子女受教育问题凸显；“陌生人”社会打破了原有的乡村治理秩序，社区共同体难以形成；人口激增使城市治理结构复杂化，不同类型的社区（如新型城市社区、老旧城市社区、拆迁安置小区、传统农村社区、出租屋集聚区、工厂宿舍区等）集聚着不同利益诉求的人群，差异化的公共服务需求要求政府必须提供具有针对性的公共服务。社会结构已然发生了重大变化，经济发展、人口集聚、空间聚集和技术进步共同挑战着城市管理者的治理能力，城市治理风险不断增强。

（二）社会治理创新下的政府职能转移

面对日益严峻的社会治理问题以及社会结构的巨大变化，转变政府职能、创新社会管理受到各级政府的共同关注。党的十六大以来，社会管理与社会治理创新逐渐被提上重要议事日程。党的十六大报告再次重申了“经济调节、市场监管、社会管理和公共服务”的基本政府职能，党的十六届四中全会首次提出“加强社会建设和管理，推进社会管理体制创新”[②]；党的十七大报告更是将社会管理作为社会建设的六大任务之一，中共十八届三中全会做出的《中共中央关于全面深化改革若干重大问题的决定》将社会治理置于更高地位，创新社会管理与实现政府职能转移已成为推进国家治理体系现代化和治理能力现代化的关键举措[③]。广东省自2011年以来加快了社会治理创新的步伐，颁布了《中共广东省委　广东省人民政府关于加强社会建设的决定》（粤发〔2011〕17号）以及《广东省社会建设规划纲要（2012—2020）》《广东省社会建设中长期行动纲要》《广东省社会建设考核评价指标体系》三个文件，为社会建设和社会治理创新提

---

① 《F市32个镇街“人口之最”出炉》，人民网，https://baijiahao.baidu.com/s?id=1705238326297662364&wfr=spider&for=pc.

② 《〈中共中央关于加强党的执政能力建设的决定〉辅导读本》，人民出版社2004年版，第25页。

③ 宋宇文、刘旺洪：“国家治理现代化进程中的政府职能转移的本质、方式和路径”，《学术研究》2016年第2期，第75-81页。

供了制度基础。政府职能转移具体包括两个内涵，一是职能的内部转移，包括政府内部职能权重的重新分配；二是职能的外部转移，主要是政府与市场、社会三者之间关系的重新配置①。现阶段我国政府职能的内部转移框架已基本实现，但外部转移过程还未结束，政府与市场、社会三者之间的界限还需进一步划清。因此，面对社会矛盾逐渐加大、公共服务供给不足、政府治理风险逐渐加大的情况，社会服务项目制顺势成为承接政府社会职能的重要制度安排。

在创新社会治理、转变政府职能的实际操作中，理顺各要素关系的关键在于协调政府机构之间的关系、最大限度地调动社会资源、使政府决策与社会需求一致②。社会结构的巨变催生了 H 街道社会力量的壮大，也增强了社会大众的需求。为解决日益突出的社会问题与加快社会治理创新，H 街道于 2009 年 6 月颁布《“关爱 H 城”建设方案》（G 工委〔2009〕44 号），通过动员吸引各行各业、社会组织、志愿者和民众等各方社会力量，力争将“关爱 H 城”打造为社会治理创新的举措、完善民生和社会事业工作体系。同时，通过“关爱 H 城”建设增强城市软实力、增加城市竞争力，并把“关爱 H 城”打造成为“GFRBD”第十张名片，实现以人为本，建设温情城市、和谐社会，因此，“关爱 H 城”建设的社会目标明确要达到“三个一”：即成立一批积极参与关爱活动的社会团体；形成一批关爱活动品牌性项目；组建一支反缠访工作队伍，协助维护社会和谐稳定③。为此，“关爱 H 城”建设成立街道“关爱基金”专项资金，由街道财政直接拨款，专门用于社会服务的购买；培育和孵化社会组织，开展义工培训，完善社会对公共事务的参与渠道；将社会需求形成社会服务项目，将政府工作重心由经济建设向经济与社会建设并重转变。“关爱基金”从 2009 年启动时的 100 万元增长至 2017 年的 1419 万元，9 年间累计投入超

① 杨欣：“政府、社会、市场——论中国政府职能转移的框架”，《经济体制改革》2008 年第 1 期，第 30 - 34 页。

② 谭建光、罗坚华：“中国关爱——当代中国的社会建设与志愿服务”，中国社会出版社 2012 年版，第 68 页。

③ 中共 N 区 H 街道工作委员会：《关于印发〈“关爱 H 城”建设方案〉的通知》（G 工委〔2009〕44 号），2009 年 7 月。

过7000万元，到2017年12月，“关爱基金”累计资助社会服务项目259个[①]，共引进与培育社会服务组织50余个，H街道社会服务项目制供给模式已经初步形成。

二、绩效合法性：社会服务项目制产生的内在动力

绩效合法性是整个体制能够持续运转的保证，也是中国公共政策持续出台的内部动力之一，社会服务项目制是绩效合法性逻辑在社会服务领域的延续。因此，绩效合法性是社会服务项目制进入政策议程的“政策流”体现。合法性是一种不同于技术信息或物质资源的文化——认知规范，它通过外部可见的方式来获得符号性价值[②]，只有“权力实施得到主流社会规范的支持，权力才会逐渐被合法化为权威”，这种权威既包括传统型权威，也包括魅力型权威与科层制权威[③]，因此，政府的绩效合法性是利益相关者对政府绩效的认可程度[④]，是通过经济发展、改善人民生活水平、满足人民基本需求而获得的公众对政治体系的认同[⑤]。改革开放以来中国政府的权威主要来自绩效的合法性，是“政府主导下的经济增长所带来的持续合法性”[⑥]。

中国上下分治的治理体制决定了上级政府必须对下级政府进行激励才能产生较好的治理绩效，而这种绩效合法性需求恰恰带来民众对中央权力的认同与信任，并从本质上体现了权威治理与有效治理之间的矛盾与均衡[⑦]。而社会服务项目制源于解决社会矛盾、创新社会治理，恰恰符合民

① 资料来源：根据深度访谈资料整理而得。

② Scott, W. Richard, Organizations: Rational, Natural and Open Systems, 5th ed. Upper Saddle River, NJ: Prentice Hall, 2003: 213-214.

③ Weber, Max, Economy and Society: An Outline of Interpretive Sociology, 3 vols, edited by Guenther Roth and Class Wittich. California: University of California Press, 1978: 25-50.

④ 王学军、韩志青、蔡丰泽：“政府绩效合法性与公共价值创造——第四届政府绩效管理与绩效领导国际学术会议综述”，《中国行政管理》2016年第4期，第157-159页。

⑤ 何显明：“绩效合法性的困境及其超越”，《浙江社会科学》2004年第5期，第6页。

⑥ 杨宏星、赵鼎新：“绩效合法性与中国经济奇迹”，《学海》2013年第3期，第16页。

⑦ 周雪光：“权威体制与有效治理：当代中国国家治理的制度逻辑”，《开放时代》2011年第10期，第67-85页。

众对中央政府的绩效认同且项目制自上而下的动员与分包体制也使有效治理得以实现。因此，社会服务项目制作为一种新的公共服务供给方式能够满足这种绩效合法性要求，是价值维度的合法性逻辑与工具维度的有效性逻辑二者的结合，在一定程度上是价值理性与工具理性的结合①。绩效合法性作为一种政治理性对政府公共服务合同外包起重要作用，政府与非营利组织的合同关系更多的是政治而非经济行为②，因此，社会服务项目制已成为基层政府社会治理创新的重要抓手。

得天独厚的地理环境，给 F 市的发展带来了契机。土地资源较为丰富的相对优势使 F 市 N 区在改革中能够迅速抓住出租厂房、建盖工厂等发展先机，在改革开放先行一步的政策倾斜下，N 区迅速成为“广东四小虎”之一。面对经济结构的迅速调整与城镇化的不断推进，农村社区集体资产规模逐渐扩大，由此带来的利益分化与利益纷争不断出现，农民的身份问题、外来人口的权利问题、社区主体的权力争夺问题、公民之间的冷漠等社会问题不断影响着 N 区的政府治理能力，甚至影响了政府的治理绩效。

“那时候农村开始富起来了，地也开始卖得贵了。利益纷争比较多，一到换届的时候，纠纷就比较多，不同利益诉求主体开始争夺权力。而且 H 街道也是一个移民城市，所以，外来人口与本地人口在资源方面的纠葛也开始凸显。社区里面原来的熟人社会被打破，大家在小区里是老死不相往来，我们都切切实实看到了各种各样的社会问题。”（访谈编号：2016071502，访谈对象：H 街道党工委委员）

特别是 2011 年，震惊全国的“小悦悦”事件成为政府社会治理创新的重大助推器。事件发生后，F 市市民自发组织志愿队伍，以“拒绝冷漠、传递温暖”的名义，宣誓“不做冷漠 F 市人”③。这无疑加强了政府创新社

---

① 徐家良、许源：“合法性理论下政府购买社会组织服务的绩效评估研究”，《经济与社会体制比较》2015 年第 6 期，第 187－195 页。

② Anna Y. N. , Stuart B. , The Decision to Contract out: A Study of Contracting for E－Government Services in State Governments. Public Administration Review, 2007, 67 (3): 541.

③ 健龙：《“不做冷漠佛山人”》，《羊城晚报》，2011 年 10 月 24 日，http://www.ycwb.com/news_special/2011－10/24/content_3607942.htm。

会治理的决心和信念。作为F市N区中心的H街道，更推进了“助人为己、爱己及人”的“关爱H城”建设，并推出多项关爱外来务工子女的项目，以重塑政府在社会治理中的合法性权威。社会问题的不断涌现与社会矛盾的激发，倒逼政府实施社会治理创新，以此来延续经济体制改革中政府的绩效合法性。因此，H街道公共服务供给也以专项形式而非社区综合服务中心，目的就是使服务项目能更有针对性地解决差异化服务需求。

三、对社会的合法化管理：社会服务项目制产生的潜在目标

社会服务项目制为政府对社会组织实施合法化干预提供了条件，是政府公共服务外包政策形成的政治流体现。西方国家的公共服务外包起源于解决政府财政赤字和提高行政效率。由于社会发育较为完善，因此政府将公共服务职能转移到社会时，社会有能力承接。而我国总体上依然是“强国家、弱社会”格局，社会的发育缘于政府转移公共服务职能。地方政府积极培育社会组织，一方面是为了提升社会组织承接公共服务职能的能力；另一方面也为了实现对社会的合法化干预，是一种控制与赋权的逻辑①。

（一）合法化控制下的国家与社会关系

新中国建立初期，国家通过自上而下的动员实现了社会稳定与政权合法性，国家能力迅速提升，为后期的经济建设奠定了基础。但这一时期的国家与社会并没有明确划分边界，任何国家之外的社会力量要么成为国家体制的组成部分，要么遭到国家的抑制和打压，国家掌握了全部的社会资源②而成为“全能型”国家。随着计划经济体制的结束与市场经济时代的开始，国家与社会的关系发生了重大变化。

---

① 敬乂嘉：“控制与赋权：中国政府的社会组织发展策略”，《学海》2016年第1期，第22－23页。

② 孙立平、王汉生、王思斌、林彬、杨善华：“改革以来中国社会结构的变迁”，《中国社会科学》1994年第2期，第47－62页。

经济体制改革过程中，部分社会资源开始出现自由流动，逐渐为国家与社会关系结构调整创造了空间。城市企业自主权的改革与农村的家庭联产承包责任制的推行意味着国家开始通过放权扩大社会自主性。此后，乡镇企业异军突起，个体私营经济发展迅猛，人民物质生活水平极大提升，国家的合法性权威基础也由意识形态合法性转为经济发展为主的绩效合法性①，政府由对社会全面控制转为发展经济和持续放权，但本应同时重视的社会管理与社会建设却被忽略了②。从单位到社会、从农村到城市以及从体制内到体制外的变化，逐步改变了基层治理结构，村民自治、社区建设、社团管理等方面的问题逐渐突出。此时的国家与社会关系虽发生了变化，但并未从根本上改变“强国家、弱社会”的格局。

（二）社会服务项目制下的国家与社会：扶持与控制

在社会逐渐松动的情况下，公民的权利意识和行动意愿也逐步提升，公民参与社会建设已经成为必然选择。党的十六届四中全会报告《中共中央关于加强党的执政能力建设的决定》提出了“加强社会建设和管理，推进社会管理体制创新”，提出“党委领导、政府负责、社会协同、公众参与的社会管理格局”，这对社会参与公共建设、实现多元治理提供了合法性基础。政府对社会组织参与社会管理重要性的认识程度也逐步加深，社会服务项目制由此成为政府一方面转移公共服务职能的手段，另一方面也成为政府扶持和培育社会组织的工具。然而这种扶持和培育的背后，也存在政府对社会组织的合法化控制，部分学者将其称之为国家领导下的市民社会③，社会服务型组织也在国家的培育与控制中不断产生。

H 街道“关爱 H 城”建设就是以上扶持与控制策略的典型代表。经济的快速发展引发了社会结构的巨变，公民社会也由此逐渐生成。早在 1995 年，H 街道已经成立志愿服务队，在 N 区义工联的组织下，H 街道于 2005

---

① 高勇、吴莹：《国家与社会："强国"与"新民"的重奏》，中国社会科学出版社 2014 年版，第 103 – 134 页。

② 高勇、吴莹：《国家与社会："强国"与"新民"的重奏》，中国社会科学出版社 2014 年版，第 144 页。

③ Frolic, B. Michael, State – Led Civil Society, in Timothy Brook & B. Michael Frolic (eds.), Civil Society in China. New York: M. E. Sharp. 1997: 46.

年正式成立H街道义工联。截至2016年7月，H街道登记在册志愿者人数超过6万人，志愿服务分队180支[①]。此外，数十个专业社会工作机构和经验丰富的公益社团开始活跃在H街道，大大小小的行业协会及企业公益团队逐渐形成。这些自发形成的社会力量一方面可以补充政府在公共服务上的薄弱环节，另一方面也体现出市民对社会管理和社会服务的参与诉求。“关爱H城”建设为社会力量参与社会管理与公益事业提供了平台，团委管理下的义工联开始承接部分政府社会服务项目，社工机构与公益社团也逐渐成为承接H街道社会服务的主体。2012年，H街道社会工作委员会成立，“关爱H城”建设由此也统归到社工委管理。为更有效地完善参与渠道、转移公共服务职能，H街道建立公益社会组织孵化与培育机制，2009年至2016年6月，共引进、培育1家省级社会组织、11家市级社工机构、23家区级社工机构、3家公益团体。同时，H街道在扶持过程中详细规定了社会组织承接社会服务项目的要求，出台《H街道“关爱基金”服务项目管理办法》（G工委办〔2015〕11号），并于2018年修订，通过项目的研发、招标和落实来细化对社会组织的管控，保证社会组织的服务内容、服务方向符合政府的预期。

第二节　社会服务项目制的特点

项目（Project）又称计划、方案，本是指对某一阶段的任务进行的努力，它有明确的任务性和目标性，并呈现出明显的阶段性、临时性特点。从本质上说，项目是一种管理的工具，也是一种任务完成的方法。但项目制是一种制度模式，它起源于分税制，是上级政府通过转移支付方式调动下级政府积极性的一种方式，也是介于科层与市场之间的一种混合制。但社会服务项目制供给模式是政府转移公共服务职能、维持绩效合法性和对

---

① “关爱H城”建设督导委员会：《创新社会治理、着力改善民生——“关爱H城”建设总结及未来五年规划》，内部资料2016年12月。

社会的合法化控制三个重制度逻辑共同作用的结果，它不仅具有合同外包的特点，而且具有政府绩效合法性逻辑下的行政化色彩，是纵向科层逻辑与横向市场逻辑相互作用的结果。因此，社会服务项目制与上下级政府间的项目制在本质上有所不同，主要表现在项目监督、项目运作逻辑和项目权责归属三个方面。

一、项目监督："过程导向"而非"结果导向"

项目制具有临时性、专项性与监督的结果导向特点，这缘于财政领域的项目制产生于政府间激励。家庭联产承包责任制在农村的成功，大大提高了农民的生产积极性，这种承包制逻辑运用到财政领域便是财政包干制。从本质上讲，家庭联产承包责任制与财政包干制均属于中央对地方的放权。财政包干制极大地调动了地方政府的积极性，地方政府积极兴办乡镇企业，甚至出现"贷款办企业"的怪象。企业数量越多、规模越大，地方政府通过企业获得的税收与预算外收入就越多[①]。因此，20 世纪 80 年代末至 90 年代初期，几乎所有的乡镇政府均拥有自己的集体企业，但大部分企业事实上是亏本运转。这种放权的逻辑持续了十年之久，地方政府在此期间也逐渐成为自利性政府，学界将其称为"地方政府的公司化"[②]。面对中央财政的日益孱弱和地方政府无休止的讨价还价，财政领域的集权化改革——分税制开始实行。分税制改革使中央政府的宏观调控能力大大提升，但地方政府由财政包干制所获得的权力逐渐被收回并陷入"拆东墙补西墙的"尴尬局面。

为解决地方政府无力开展公共服务的问题，中央通过转移支付的方式向下级政府提供资金支持。其中专项转移支付主要用于公共物品和公共服务支出，它在整个转移支付中所占比重较大，从 1994 年至 2005 年来看，

---

① 渠敬东、周飞舟、应星："从总体性支配到技术治理——基于中国 30 年改革经验的社会学分析"，《中国社会科学》2009 年第 6 期，第 107 页。

② 宫希魁："地方政府公司化倾向及其治理"，《财经问题研究》2011 年第 4 期，第 3－11 页。

专项转移支付资金从361亿元直接增长到2005年的3529亿元，增长幅度达14.7%[①]，项目制从此成为上级政府调动下级政府积极性的重要制度安排。为此，上级政府建立了一套完备的考核体系，通过严格的项目申请与专家化的考核与审计来监督地方政府的行为，这种技术化的特点决定了政府间项目制结果导向的监督方式。

不同于财政领域的项目制，社会服务项目制因社会建设的长期性和固定性而体现出常态化特点，其目标主要是缓和社会矛盾、对社会实行合法化控制，因此，政府对项目的监督往往是过程式的。政府、市场、社会三者之间的关系与各自定位是任何国家的政府治理均必须重视的一个问题，社会建设对我国政府而言，具有更重要的意义。因市场化改革带来的经济腾飞与由此引发的社会结构的巨大变迁，不断挑战着政府的治理能力。完善以“党委领导、政府负责、社会协同、公众参与、法治保障”为核心的社会管理格局是一项长期而又艰巨的任务。这就决定了社会建设并非是临时性的而是常态化的。因此，对社会服务项目制必须进行常态化的监管。“缓和社会矛盾，对社会实行合法化控制”的潜在目标也决定了政府在社会服务项目的监管过程中不仅仅以结果导向的评估为主，更要时刻关注项目发展方向，实施过程式的监督。

H街道“关爱H城”建设从2009年至今已连续推行7年之久，街道党政一把手多次进行更换，但以社会服务项目制为核心的基层社会治理创新并没有像其他地方一样，面临“人走茶凉”的困局。反而在历届党政领导班子主政期间，“关爱H城”建设均成为街道的中心工作，这与社会服务项目制本身所蕴含的特点不无关系。H街道还通过成立社工工作中心专门负责“关爱H城”建设，并建立社工挂钩项目制度与联席会议制度对社会服务建设进行监管。前者是由社工中心工作人员分别挂钩“关爱H城”建设的30多个社会服务项目，定期掌握项目开展实况、对不符合预期的实施及时纠正和调整；后者通过定期召开服务出资方、服务使用单位和服务承接单位三方联席会议，对项目实行全程式监督。

---

① 李萍：《中国政府间财政关系图解》，中国财政经济出版社2006年版，第15-50页。

二、项目运行："横向合同"与"纵向权威"

上下级政府间的项目制在运行过程中遵循两个逻辑，一是横向的晋升锦标赛逻辑；二是纵向行政发包制逻辑。起源于分税制改革的项目制，实质是上级政府对下级政府实施的激励，专项转移支付也起到了纵向政府间的控制的作用。这种纵向的政府控制正好反映了各级政府各部门之间的竞争，"晋升锦标赛"就是用来形容中央政府调动同级政府对职务晋升展开竞争的典型例证[①]。我国科层体制内部政府间关系从设置上为职责同构，具体表现为"上下对口，左右对齐"，各层级政府间在职责、职能和机构设置上高度统一[②]，这也决定了某一层级政府的各个部门不仅要对该层级政府负责，还要向上级主管部门负责。在这种压力型体制[③]下，各部门需要对上级部门提出的目标要求负责，以此获得晋升的机会或行政性的奖励。项目制通过专项支付将专项资金直接转移到下级政府相应部门，实际就是一种通过"条条"的发包，上级政府部门也通过专项发包而对下级政府加强了控制，在本质上反映了政府横向部门之间的晋升竞争。

除上述横向晋升控制之外，上级政府对下级政府的控制还表现为纵向的行政发包。上级政府通过属地发包的方式将行政事务层层下发给下级政府。20世纪80年代的财政分权加强了下级政府的财政积极性，政府行为呈现出强烈的属地化管理特点，是"条块结合、以块为主"的管理方式。随着财政集权分税制改革的推行，"以块为主"的治理结构也在逐渐发生变化。原先只负责业务指导的上级政府部门通过项目形式加强了控制。总体而言，政府上下级之间的项目制与行政发包制分别通过"条条"与"块

---

① 周黎安：《转型中的地方政府：官员激励与治理》，格致出版社、上海人民出版社2008年版，第201－210页。

② 朱光磊："'职责同构'批判"，《北京大学学报》（哲学社会科学版），2005年第1期，第101－112页。

③ 荣敬本、崔之元等：《从压力型体制向民主合作的转变：县乡两级政治体制改革》，中央编译出版社1998年版，第25－100页。

块”的控制构成了我国政府间关系的基本特点。

社会服务项目制也存在两种运作逻辑，但与上下级政府间项目制内涵不同，纵向是权力控制下的科层化供给模式，横向是政府与社会组织之间的合同化供给模式，且纵向政府之间的权力关系往往会影响横向关系，实际反映的是权威模式与协商模式的交叉运行。在公共服务合同外包过程中，关于合同的决策过程、拨款和监督问责等都来自垂直权威，而合同的运作是在水平横向模式上进行的，且参与合同过程的公共官员既是科层权威模式中的一员，也是合同的参与者，这就使社会服务项目制是在纵向和横向模式的交叉点上运作①。权威模式和协商模式还具有另外一层含义，即权威模式更多情况下反映了政治决策系统在公民的授权之下，通过组织内部进行财力供给和组织生产，从而实现公共服务的内部供给；而协商模式强调公共服务可以由第三方参与，公共行政系统通过与非政府部门的合作，再将服务递送给消费者，双方之间是一种水平关系（详见图3－1）。

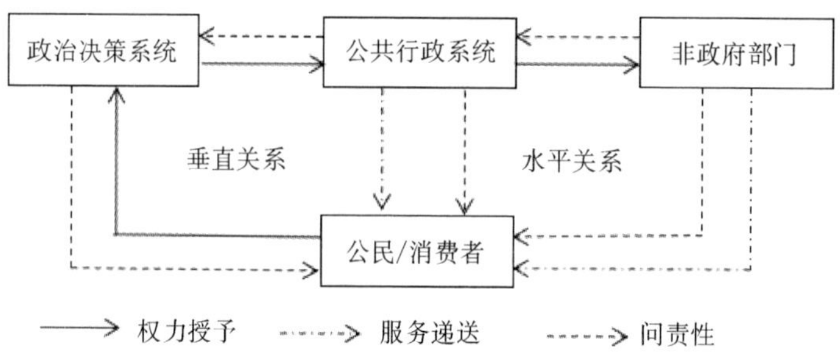

图3－1　公共服务供给的官方模型与第三方模型②

社会服务是公共服务的重要组成部分，在服务递送逻辑上与公共服务一致。我国社会服务的供给模式也正在经历从科层化的单位制供给到项目化的合作模式转变的过程。经济体制改革以前，国家对社会资源的总体性控制也包括对社会服务供给方式的控制。社会由单位统合起来，单位负责一切社会福利，这从本质上而言就是一种社会服务的科层化供给方式。随

① ［美］菲利普·库珀著，竺乾威、卢毅、陈卓霞译，竺乾威校：《合同制治理：公共管理者面临的挑战与机遇》，复旦大学出版社2007年版，第46－53页。

② 敬乂嘉：《合作治理：再造公共服务的逻辑》，天津人民出版社2009年版，第25页。

着经济体制改革的不断深化和政府职能转移的要求，社会逐渐参与到政府的社会服务供给模式中来，合同式的社会服务逐渐成为补充原有科层化供给的重要手段。但权威模式的供给方式经常会干涉协商模式的运行，实际上显示出官僚模式与第三方模式的混合运行，因此，社会服务项目制也就具有了上述所说的两种特点。H 街道的关爱模式就是权威模式和协商模式交叉中运行的体现。一方面，“关爱 H 城”建设是政府创新社会治理、解决社会矛盾、实现对社会合法化控制的重要手段，“关爱基金”所资助的每一个项目从立项、招标、执行、评估到终结均是政府积极推动的结果，这体现了社会服务项目制的权威模式特点；另一方面，20 万元以上的“关爱基金”服务项目要严格遵循 N 区的招标采购流程，签订正式的合同，并接受第三方评估，承接项目的非营利组织还需接受《“关爱基金”服务项目管理办法》的监督，这体现了横向协商模式的特点。

三、项目权责：“服务外包”而非“权责外包”

“块块”发包的行政发包制在上级政府将行政事务打包发包给下级政府时，也将相应的权责发包给了下级政府。而项目制却只将项目本身发包给下级政府，下级政府不具有剩余控制权以及由此带来的剩余责任①。因此，下级政府才可以通过争取项目和捆绑项目来实现地方经济的发展，并通过项目对上级政府实施反控制。社会服务项目制也具有类似的特点，在社会服务项目制中，外包的只是公共服务业务而非公共服务责任，政府只是为了实现职能转移而非权力下放②，政府为规避风险采取各种科层手段对社会组织进行控制，而社会组织则只能利用专业知识优势对政府进行反控制。政府通过项目外包以及一系列合同管理的手段来控制社会组织，社会组织也可以利用不承担权责而反控政府。如社会组织通过不合作或者变

---

① 陈家建、张琼文、胡俞：“项目制与政府间权责关系演变：机制及其影响”，《社会》2015 年第 5 期，第 1－24 页。

② 吕纳：“公共服务购买中政府制度逻辑与行动策略研究”，《公共行政评论》2016 年第 4 期，第 45－63 页。

通合作的方式使政府承担更多的压力，政府也迫于社会服务责任压力做出一定的妥协和退让，并有可能在下一轮竞争中采取新的措施加大控制力度。在我国社会发育还不健全、社会自治发育并不完善的情况下，政府虽然会利用自身权威中断与社会组织的合作，但社会组织也可以借行业未形成专业压力的现状来反控政府。

H街道于2009年6月推出的“关爱H城”建设以政府购买社会服务的方式转变政府职能，以社会协同的方式加大公民参与，以“爱家·爱H城”的宣传烘托关爱氛围，目的就在于创新社会治理。“关爱H城”建设开展七年来，共引进与培育出社会服务组织53个，街道32个居（村）委会中已有24个居（村）与社工机构、社会团体等形成合作，由“关爱基金”资助开发出社区、青少年、就业、长者等不同领域的服务项目。随着社会服务项目的开展，社区居民对社工以及社工提供的服务由最开始的排斥、冷漠到接纳、欢迎，非营利组织的社会合法性由此提高。以“关爱H城”N区人民医院医务社工服务项目为例，该项目重点在于调动在岗医务人员的积极性，并组织志愿者和爱心人士，共同关爱医疗弱势群体等，项目在总结过去医务服务和模式探索上，切合N区人民医院的医疗重点科目，从癌症和慢病病人出发，以服务乳腺癌、结直肠癌、中风和骨科的癌症与慢病病人及家属，从“身、心、社、灵”等层面介入提供支持服务。当服务刚刚下放到医院时，医务工作人员对社工的能力和服务的效果持极大的怀疑态度，表现出不配合的行为逻辑。

但当服务经过三年的深化之后，医务工作人员发现医务社工在提升病人及家属应对疾病的能力、促进病人自助互助、社区健康宣教服务等方面起到了较大作用，也在一定程度上缓和了医患关系。由此，医院对社工的态度也从最开始的不配合到后来的认可和主动配合。医院甚至愿意承担项目的活动经费，而“关爱基金”仅仅负责人员经费。这种支持与需求使作为服务使用单位的医院对社工机构的依赖性加强了。当社会服务出现中断时，最先受到问责的是政府而非社会组织，政府的绩效合法性也会因此而受到影响，因此依赖性的加强使医院不希望社工机构频繁更替，这在一定程度上使社工机构在下一轮招标中具有了先天优势。基层政府为了维持服务效果和减少服务机构频繁更替所带来的交易成本，在新一轮招标中采取支持措施，社工机构由此获得了反控的筹码。

第三节　社会服务项目制的运行机制

社会服务项目制是在政府职能转移的大背景下产生，是政府绩效合法性在社会服务领域的延续，目的是创新基层社会治理并实现对社会的合法化控制。虽然合同外包已成为新公共管理浪潮下世界各国政府普遍采取的方式，但它并未体现真正的契约精神，是一种绩效为导向的契约。政府只是将社会服务业务承包给非营利组织而非进行权力下放，因此我国社会服务项目制是权威模式和协商模式的交叉运行结果，这决定了政府对非营利组织要实施过程导向的监管而非结果导向的监督。在社会发育还不成熟、绩效合法性的潜在约束下，项目的运行常常糅合了科层与市场两种逻辑，这两种逻辑在基层政府的晋升锦标赛压力、目标管理责任制、运动式治理等制度环境的发酵下，形成了社会服务项目制运作机制，本节主要结合 H 街道社会服务项目的案例经验，对社会服务项目制的目标分立的选择性机制、运动式资源整合与动员机制和嵌入式监管机制三个方面进行阐述。

一、目标分立的选择性机制

与重塑政府间上下级关系的项目制一样，社会服务项目制也存在目标分立的问题。虽然社会服务项目合同中明确规定了项目目标，但参与项目的各方所持有的目标并不相同。社会治理创新是政府职能转移的要求，也是基层政府在面对现有的政治经济现状下所采取的缓和社会矛盾、进一步获取合法性的必然手段。基层政府通过社会服务外包项目来实现社会服务的供给，其自身的发展目标与社会组织作为理性经济人之间存在着目标分立的潜在压力。政府与非营利组织之间也存在委托代理关系，由于委托人与代理人之间的偏好不同和信息不对称，会影响双方合作策略，进而影响二者之间的关系。而社会服务项目制涉及的主体还包括多层级政府，这就使各个主体之间的关系更为复杂，上级政府、委托者、职业者三方的目标会最终影响政府与非营利组织各自的行为策略[①]。这就使双方在项目运行中具有了选择性的行为策略，在目标一致的情况下，二者更多采取合作，而当目标不一致时，政府与非营利组织之间会产生不同的行为方式。一方面，政府在社会服务项目中的主要目的是转移政府职能，在实现对社会合法性控制的同时创新社会治理，获得社会合法性；另一方面，上下级政府之间、政府各部门之间也存在目标不一致性，各部门对与本部门职能相关的社会服务项目较为重视，而对与职能目标相冲突的项目则比较不配合，由此也产生了目标不一致的选择性机制。部门之间的分割与目标的分立，可能会造成项目的重复和堆积，不利于资源的最优配置，也不利于承接此类项目的社会组织的发展。

自2009年开展“关爱H城”建设以来，H街道经过不断探索与总结，在“机构、基金、基地、机制”相互支持的基础上，形成了“四JI”建设框架，其中“基地”是指建立服务示范及服务模式孵化基地，H街道将其称为“关爱H城”七大主题中心。具体包括以家庭综合服务基地为特色的“关爱H城”创益中心、以党员志愿服务为核心的党员志愿服务中心、以健康人格培育和青春期教育为服务主线的H青苹果之家、以“关注企业，关爱人”为服务宗旨的“关爱H城·企业创享家”、以“居家养老、培育熟人社区”与“至诚服务，传承关爱”为目的的G社区服务中心、以“社工引导+义工策划+居民参与”为服务主线的L社区服务中心以及以“贴心服务、健康养老”为宗旨的“院舍+社工”模式的H长者颐乐中心。其中“关爱H城”创益中心除提供家庭综合服务之外，同时兼顾统筹其他六大主题中心，是“关爱H城”建设的总部，是探索主题基地进行社会管理创新的公益中心。

---

① Dehoog R. H., Evaluating Human Services Contracting: Managers, Professionals, and Politicos, State & Local Government Review. 1986, 18 (1): 37-38.

主题中心均实行“职能部门指导＋社工机构运营＋‘关爱H城’建设督导委员会出资”的模式（详见图3－2），以H街道“青苹果之家”为例，该基地以项目形式发包，由S社会工作服务中心承接。由于该项目主要以提供青少年儿童“行为的养成与人格塑造”“青春期教育与性教育”“亲子关系与家庭文化建设”“义工发展和社区参与”等服务，旨在搭建基地、家庭、学校和社区“四位一体”的青少年儿童支持网络，因此该项目的指导单位涉及多个部门，包括教育局、街道妇联、街道卫生与计划生育局。因“青苹果之家”项目开展的活动经常由某个部门牵头或几个部门联合牵头，这势必会造成各部门之间在目标上的分立和行为上的选择。当职能部门更多代表上级政府意愿时，上下级政府机构之间变会产生目标不一致和目标分立的问题；当职能部门代表的是街道层级的意愿时，目标分立的原则更多体现在社工机构与街道之间的关系。

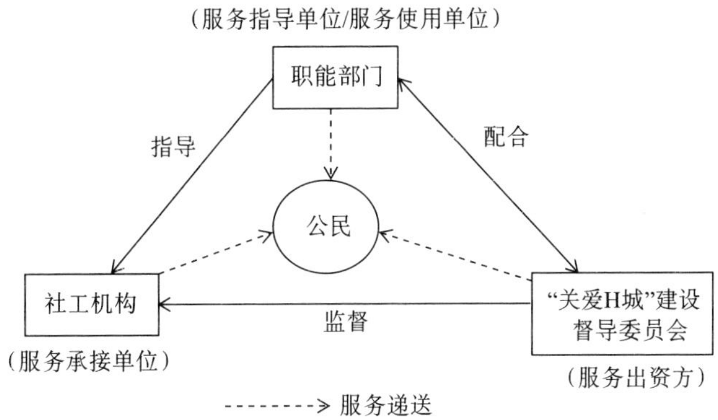

图3－2 “关爱H城”主题中心运营模式

资料来源：作者自制。

二、运动式的资源动员与整合机制

社会服务项目制的“过程导向”而非“结果导向”的监管、“横向协商模式”与“纵向权威模式”、“服务外包”而非“权责外包”的特点决定了项目制要想顺利推行，必须要在原有的科层体制外成立相应的临时小组和目标明确的组织规则。项目推行的过程中，政府购买社会服务往往是由专项基金实现的且离不开运动式的资源整合与组织动员。由此，社会服务项目在运行中能否通过整合资源以降低资产的专用性与交易的不确定性对抑制投机行为、降低交易成本非常重要。在我国，政府服务外包或政府购买服务依然是以社会治理创新的形式来推行，因此政府购买服务项目带有一定的创新色彩，从而也就具有一定的风险。为了控制风险，并且顺利地将项目落实，同时得到目标分立的职能部门配合与协作，在政府购买社会服务过程中往往以一把手挂帅，并积极争取上级政府的资金支持，运动式治理和资源协调整合的逻辑在社会服务领域依然存在。

首先，传递社会服务理念，突出政府中心工作。部门分工和职能区分使政府各部门之间的政策目标和手段均发生分立，组织关系有可能走向碎片化[①]，“条块分割”的治理体制更有可能导致部门之间的隔阂，最终使官僚制产生碎片化问题。各部门倾向于考虑本部门的工作而非整体的工作，这就促使部门工作之间的肢解，不利于政府整体绩效的完成[②]。作为社会治理创新的社会服务项目制是基层政府绩效合法性的保证，因此，必须将其作为基层政府各部门的中心工作，才能以此提高项目的权威性。H 街道在进行“关爱 H 城”建设的初期，就特别注意提升整个工作的权威性与合法性。第一，通过街道一把手亲自挂帅，将“关爱 H 城”建设融入街道发展的重大转战略规划，与“美食 H 城”“教育 H 城”“玉器 H 城”等一齐成为 H 街道建设的重要工作之一，对此，H 街道社会工作委员会副主任如是说：

“就是领导的支持是很重要的，当时我们在推动这个工作的时候就是街道的一把手、领导班子以及中层干部大家一起关注这个事情，所以才能成为整个街道的中心工作。”（访谈编号：2016070401）

其次，通过自上而下的“意识传递”，加强职能部门对“关爱 H 城”

---

① 杜春林、张新文：“项目制动员的碎片化及其治理研究——基于 S 县后扶项目的实证考察”，《甘肃行政学院学报》2015 年第 5 期，第 39 – 50 页。

② ［美］李·G. 鲍曼和特伦斯·E. 迪尔著，桑强、高杰英译：《组织重构艺术、选择及领导》，高等教育出版社 2005 年版，第 60 – 61 页。

建设的认识，提高整个建设工作的权威性，一方面通过与职能部门合作开展社会服务项目，加强部门的积极性，另一方面通过在二级治理单元（如村、居）选派关爱专员，将“关爱H城”建设的意识传递到基层。正如街道某党委委员所言：

“我们那时候就做了一件事情，就是意识传递。你翻看一下以前几年的总结就知道，我们就是把社会管理创新的意识传递给职能部门。所以那时候我们每个职能部门自己都有一个关爱项目。基本上每个职能部门，比如司法所是社区矫正项目，妇联就有融爱项目，团委就有青少年的就业项目，党政办就有应急管理的心理咨询热线，组织办有党员志愿服务，教育部门有驻校社工项目。”

“我们就是说政府职能部门要接驳这个事情（广东话叫‘接驳’），我们的事情要落实下去，肯定要有个人来承接，所以每个村居、每个职能部门，我们都选派一个人来做关爱专员。”（访谈编号：2016071502）

再次，跨部门的协调和运作可以加强社会服务项目的合法性并获取各方的支持①。组织通过成立运动式的临时小组，增强各个部门的支持力度，以促进人力、物力、财力的整合，由此来增强各部门负责人的注意力分配。H街道为赢得各个部门的注意力分配，街道将“关爱H城”建设作为党工委书记亲自挂帅的一把手工程，具体包括，组建“关爱H城建设督导委员会”，由党工委书记担任督导委员会主席，以党政领导班子作为成员并以社会人士组成顾问团，作为各方参与决策的领导机构，谋划“关爱H城”发展战略和政策等重大事宜，并对各类关爱行动进行监督、检查、评估和指导②；“关爱H城”建设督导委员会下设常务秘书处，负责协调街道各个职能部门，是整个“关爱H城”建设的协调单位；在建设初期，成立关爱农村拓展部、关爱社区拓展部、关爱行动推广部等部门，分别设在街道城乡统筹发展部、社区管理处、宣传部，将街道各职能的功能

---

① Human Sherrie E., Provan Keith G., Legitimacy Building in the Evolution of Small - Firm Multilateral Networks: A Comparative Study of Success and Demise, Administrative Science Quarterly, 2000, 45(2): 327 - 365.

② 关爱H城创益中心360展厅上墙资料，内部资料。

与关爱 H 城建设结合起来；并于 2011 年成立 H 街道社工工作中心，以“培育公益发展、助力社会服务”为己任，统筹关爱 H 城创益中心管理，兼顾研发和购买社会服务项目、严格监控项目服务质量，组织培育 H 街道社工组织及社工人才，推广关爱 H 城建设模式和链接公益资源（详见图 3－3）。

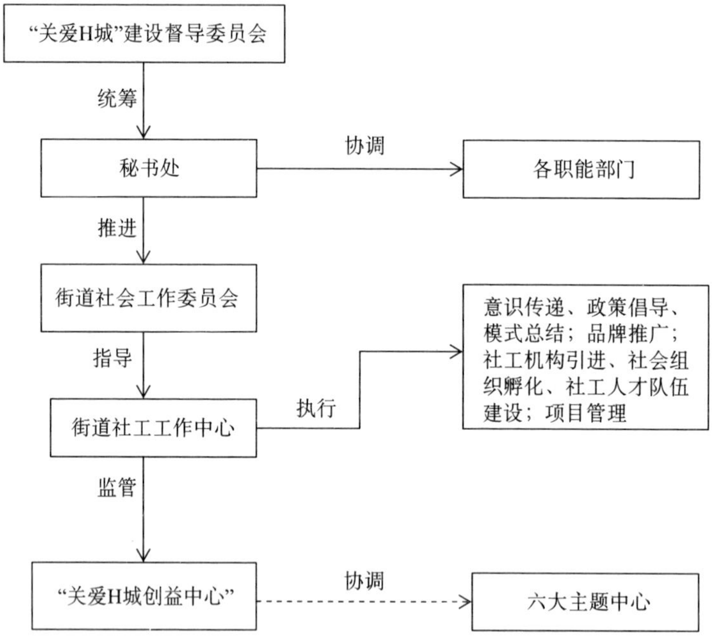

图 3－3 “关爱 H 城”建设组织架构

资料来源：根据 H 街道“创益中心”360 展厅“关爱 H 城”建设组织架构图修改而成。

其中，“关爱 H 城建设督导委员会”由党工委书记亲自挂帅，将各职能部门负责人吸纳到协调型小组中，具有统合人力资源和吸引各部门注意力的作用。此外，成立“关爱 H 城”建设专项基金，由政府财政拨款，财政局负责专项资金的日常管理和增值，制定各个时期的基金使用预算，明确由“关爱 H 城”建设督导委员会负责审批基金的使用，并只限于 H 街道的关爱行动[①]。专项基金的设立，为“关爱 H 城”建设提供了物质保

① 关爱 H 城创益中心 360 展厅上墙资料，内部资料。

障，也提高了各职能部门开展社会服务的动力。目前，“关爱基金”从2009年启动时的100万元增长至2017年的1419万元，九年间累计投入超过7000万元，到2017年12月，“关爱基金”累计资助社会服务项目259个[①]，H街道社会服务项目制供给模式已经初步形成。

最后，通过建立相应的运作机制实现临时小组的运转，将各部门的工作与“关爱H城”建设融合起来，提高部门参与的积极性。具体来讲，开展驻点直接联系群众制度，街道从2014年7月开始，围绕“更直接、全覆盖、常态性和制度化”原则，共组建33个驻点工作团队，这是将职能部门的驻点工作方式与“关爱H城”建设联系起来；进行公益社会组织孵化与培育，通过资金支持、场地提供、能力建设等措施共引进、培育1家省级社会组织、11家市级社工机构、23家区级社工机构、3家公益团体；开展社会工作人才培育机制，2012年建立社工学院并开设初、中、高级课程体系，累计服务人数达7200多人次；“携手社工”关爱项目研发机制将“关爱H城”建设与社区居委会的职能工作相结合，通过需求调研、服务项目、社会资源送入基层的方式，由职能单位、社区与社工机构合作研发出21个“携手社工”计划项目；实行“全城义工”运动志愿者动员机制，自2005年12月H城义工联成立以来至今，H城义工联登记在册志愿者超过6万人，这项机制主要是将团委的部分工作融入“关爱H城”建设中开展；党员志愿服务机制是街道组织办工作的体现，目前已组建了一级服务队伍122支，二级服务队伍88支，实现村居全覆盖、机关事业单位全覆盖、重点企业党组织全覆盖；“关爱课程进校园”教育机制于2012年启动，旨在提升青少年的价值判断能力和公益动手能力，是街道教育局与“关爱H城”建设结合的表现；社会参与动员机制旨在鼓励社会各界参与“关爱H城”建设，如成立H城商界关爱联会、推出H城“商企展关爱”计划等；实施授勋嘉奖机制，用于嘉奖“关爱H城”建设中表现杰出的个人、团体、企业及项目，自2009年至今“关爱H城”授勋典礼已连续举办七届。以上九大机制的实质是为了促进职能部门工作与“关爱H城”建

① 资料来源：根据深度访谈资料整理而得。

设更好的开展合作，街道借此加大了对职能部门的动员①。

三、嵌入性监管机制

社会服务项目本质是一种委托代理关系，由于信息不对称问题的存在，委托人在项目运行中的信息获得必然是事后的，而代理人在获得信息上具有优势，这就要求委托人必须对代理人实施激励并进行监督②，由此来保证信息的对称与合同的顺利履行。项目制的“发包”“打包”“抓包”主要围绕的是权力的下放而非责任的下放，下级政府借此来对上级政府进行反控。政府在公共服务外包的过程中，只是将服务业务承包给社会组织，但提供公共服务的责任依然是政府，这也就给社会组织对政府实施反控制提供了条件。再加上社会服务项目制是政府绩效合法性的保证，是政府公共服务职能转移的重要载体，作为委托人的政府更需要对非营利组织进行深入的监督，以使项目发展方向与项目运行处于政府可控制的范围内。政府为实现对社会的合法性控制，经常将自身的意志嵌入项目实施的过程中，进行嵌入性的监管。项目的月度考评、中期评估、末期评估以及季度报表等一系列考评体系加强了监管的技术化，同时也加强了政府对社会组织的控制。不论是嵌入社区的项目还是嵌入基层政府职能部门的项目，在项目实施过程中，“管家角色”的政府对社会组织的监管往往是嵌入性的。看似合同文本规定的考核方式，实际上使政府的政治性嵌入和结构性嵌入贯穿项目运行始终。

H 街道“关爱基金”资助的项目是街道创新社会管理的重要抓手，街道对项目自然进行嵌入式的监管。具体而言，H 街道对承接服务的非营利组织进行以下四个方面的监管：

第一，在项目研发阶段，保证项目的设置符合街道各职能部门或社区

---

① “关爱 H 城”建设督导委员会：《创新社会治理，着力改善民生——“关爱 H 城”建设总结及未来五年规划》，2016 年 12 月。

② Joel Sobel, Information Control in the Principal - Agent Problem, International Economic Review, 1993, 34 (2): 259 - 269.

的需求，H街道社工中心根据政府职能部门、村（居）、行业协会等单位创新社会管理需求或社会组织提出需求计划，将计划报“关爱H城”建设督导委员会审核，同时，服务使用单位进一步对项目内容进行修改，最终保证项目的研发符合各部门的实际需求。这个过程中，服务使用方（职能部门）、服务购买方（职能部门或“关爱H城”建设督导委员会）的需求是最为重要的，这些需求一般都加入了政府的政治意图或职能意图，是一种政治性的嵌入。

第二，项目立项阶段，20万元以上的项目需要按照N区规定的招标流程实施公开招标。但招标文件由街道负责起草，在这个过程中，政府可以在一定程度上保证招标要求尽量符合自身需求。20万元以下的项目，街道可以自行公开征集，公开征集的项目街道有更大的选择权。街道将10万元以下（含10万元）的项目作为成长型项目，10万元以上的项目均称之为专业型项目。成长型项目是街道进行创新项目研发和实验的场所，若成长型项目的成果突出、效果显著，成长型项目便会成为专业型项目。由于成长型项目的评审由街道自己开展，因此，街道更容易对项目实施监控。

第三，项目实施阶段，开展过程式的监控（详见图3－4）。由社工中心对项目的变动调整进行实时监控，负责项目月报、年度计划、中期考核的审核，并组织末期评估；由项目使用单位即各职能部门或（村）居委会对项目的实施提供指导；由挂钩社工对项目进行进度监测和沟通协调，具体包括召开项目联席会议（项目执行方、项目出资方、服务使用单位、服务对象代表等），对“项目进度、人员配备状态、培训督导情况、财务规范”等进行监督，并在“项目宣传推广、经验总结、项目规划、政策解读、资源链接”方面提供实施支援；由街道组织第三方评估机构（X机构）对项目进行末期评估，对项目成效进行最终审核。

第四，及时进行项目模式总结，保证项目发展方向在街道的可控范围之内。在对项目进行评估及过程监控之后，由社工中心项目部及发展部联合服务承接单位对项目进行模式总结，使之成为街道的品牌项目或创新标杆。对于部分涉及政府社会治理重大创新的项目实施“社工中心＋社工机构”运营的模式（如几大主题中心），社工机构与社工中心工作人员进行

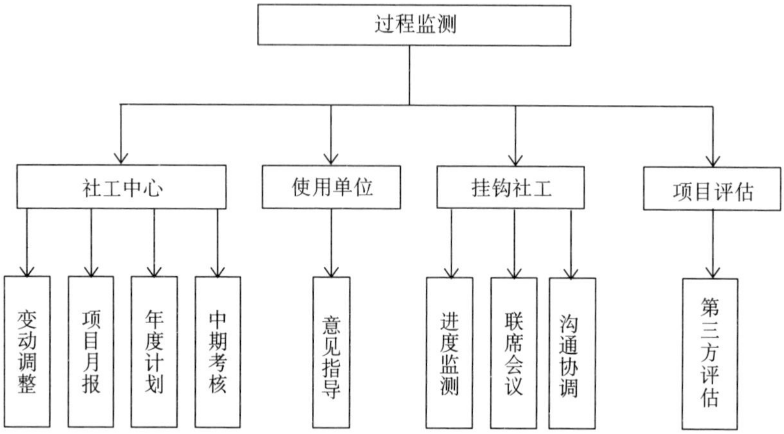

图 3-4 “关爱 H 城”服务项目过程监控图

资料来源：根据“关爱 H 城”建设项目监管流程图修改而成。

合署办公，这使中心工作人员便于对项目提供后勤保障的同时，也加强了对项目执行各个环节的监督。街道通过社工中心晨会的方式将项目中出现的问题进行讨论、汇总，并进行及时纠正，是一种对非营利组织的结构性嵌入监管模式。

本章小结：

本章主要对社会服务项目制的产生、特点和运行机制进行了分析。研究发现，社会服务项目制与政府上下级之间的项目制有共同的地方，但也有其独特的逻辑。基层政府利用社会服务项目进行社会治理创新、转移政府职能、维持其绩效合法性并对社会组织实施合法化控制。这使社会服务项目制在项目监督方式、运行逻辑和项目权责归属上均不同于政府上下级间的项目制。但社会服务项目在实际运转中，却受到客观政治环境的影响，在压力型体制、目标管理责任制和晋升锦标赛的制度环境的外在作用下，通过目标分立的选择性机制、运动式的资源整合与动员机制和嵌入性监管机制三种机制实现基层社会治理创新和项目的运作。近年来，社会服务项目制已经成为各级政府转移政府职能、创新社会治理的重要抓手，项目的招标、评估也越来越步入规范化的轨道。但我国本质上依然是“强国家、弱社会”，社会服务项目制的产生并非是在社会组织足够强大的背景下产生，而是在政府的孵化与培育中产生。政府在扶持其壮大的过程中，也对社会组织进行了不同程度的合法化控制。

现实中，社会服务项目制中的基层政府究竟采取了何种行动策略对社会组织实施控制？针对不同的社会服务项目，基层政府是否会表现出一致的行为逻辑？政府为何会采取不同的行动策略，其背后的逻辑是什么？面对政府的行为策略，社会组织又会表现出何种应对策略，是什么导致了社会组织不同的应对？为解答以上问题，本书在下一章中将以四种不同类型的项目作为案例，并通过分析政府与社会组织在不同项目类型中的行为表现，来探究影响政府和非营利组织行动策略的原因，以此来拓展社会服务项目制理论的解释空间。

第四章

社会服务项目制的运作：科层与市场的互嵌

产生于政府职能转移、社会治理创新和绩效合法化下的社会服务项目制，实质上是一种以绩效为导向的合同外包方式，这与项目本身的契约化特点不符。如前所述，我国本质上是“强国家、弱社会”，契约化的合作精神并未真正体现，项目的运行常常糅合了科层与市场两种逻辑，体现出形式上的契约化供给与实质上的行政化控制[①]。社会服务项目制通过目标分立的选择性机制决定了政府与非营利组织在项目中所受到的激励程度，进而影响双方采取合作、合谋或对立的行为策略；运动式的资源整合与动员机制将政府各部门资源统筹，在加大项目权威性的同时也加强了对各方的动员，由此政府与社会组织之间的资源依赖程度发生了变化；嵌入性监管机制决定了政府对社会组织的过程式监管，这种监管的嵌入性越强，政府对社会组织的控制力度也会越强，由此造成政府与社会组织不同的行为逻辑。总体而言，社会服务项目制呈现出纵向的权威模式与横向的科层模式之间的相互嵌入，这种嵌入性的运作模式也致使政府与社会组织的行为逻辑呈现出游走于科层与市场之间的特点。

威廉姆森在区分市场制、混合制和层级制时提出激励强度、行政控制和合同法制度是区别三者的关键维度[②]，公共服务项目制不完全等同于经济学领域的企业发包制与雇佣制，但在区分公共服务项目究竟采用市场还是科层的问题上，威廉姆森的三维度分析框架给了我们启发：随着激励程度与行政控制的不同，政府的公共服务逻辑会发生变化。如前所述，目标分立会影响政府与社会组织各自的行为逻辑，这是因为组织的目标会成为组织行动的依据和衡量组织行为的标准，因此，目标一致性程度会影响组织行为的激励程度，从而影响政府与社会组织各自的行动策略；资源整合与运动式的动员会影响组织双方的资源依赖程度，因此用资源依赖度来衡量控制程度，并将政府在项目运行中的依赖分为对社会组织专业性的依赖和对项目绩效的依赖；嵌入性的监管是一种过程导向的监管，它会使政府

---

① 吴月：“吸纳与控制：政府购买公共服务背后的逻辑”，《上海行政学院学报》2015 年第 6 期，第 75 - 83 页。

② Williamson O. E. , Public and Private Bureaucracies: A Transaction Cost Economics Perspective. Journal of Law, Economics, & Organization, 1999, 15 (1): 312 - 314. (JLEO Bureaucracy Conference).

在不同项目中对社会组织的控制程度发生变化，由此改变双方的行为逻辑，因此，用监管嵌入性来衡量项目中的控制程度，并将其分为政府对社会组织的结构性嵌入与政治性嵌入两个方面。

本章主要以H街道四类社会服务项目中政府与社会组织各自的行为逻辑进行分析，以此来回应本书的研究问题：即社会服务项目制运行中科层与市场逻辑究竟是如何互嵌的？政府与社会组织在不同项目类型中表现出了何种行为逻辑？项目运行中的激励与控制程度是如何发生变化的？这种变化是如何影响政府的行动策略？社会组织又是如何加以应对的？为回答以上问题，本章拟从"市场导向""市场嵌入科层""科层嵌入市场""科层导向"四个角度分析政府与社会组织的行为逻辑并进行解释。

第一节　市场导向的政府与社会组织行为逻辑

社会服务项目制已经成为基层政府社会治理创新的重要抓手，但并非所有的社会服务项目均能成为政府创新的关键项目，这促使了政府在项目中的选择性行为。相对于社区而言，探索性社区服务项目是一种增量化的社会服务供给，基层政府与社会组织的目标主要是保证项目落地并长期合作。此时，基层政府与社会组织之间的资源依赖程度较低，双方的控制力度也相应较弱。基层政府将公共服务项目的设计和实施委托给社会组织，监管的嵌入性也较低。在这种情况下，社会服务项目制呈现出强激励、弱控制的特点，基层政府在此类项目运作中更倾向于采取市场导向的行为逻辑，社会组织也为此积极行动，在项目运行中注重项目质量、提高服务的专业性以此来获得政府持续的资金支持。在此类项目中，政府坚持以契约化的方式与社会组织合作，并给予社会组织较大的自由空间；而承接项目的社工机构也积极提高自身专业性，从而尽可能获得政府的认可从而得到长期合作的机会。

对基层政府而言，探索性社区服务项目是所有社会服务项目中最重要的组成部分，也是衡量政府社会服务质量的重要标准。将探索性社区服务项目作为分析对象具有现实意义和理论意义。H 街道自 2009 年开展“关爱 H 城”建设以来，共引进、培育 1 家省级社会组织、11 家市级社工机构、23 家区级社工机构、3 家公益团体，截至 2016 年 7 月 31 日，“关爱基金”服务项目已经达到 214 个，涵盖社区长者、城市社区、农村社区、企业及外来务工人员、青少年、社区矫正、心理援助等多个领域的社会服务项目[①]。H 街道现辖的 32 个社区（其中包括 31 个城市社区，1 个行政村）中，有 28 个社区引进了“关爱基金”服务项目，“关爱基金”服务项目的社区覆盖率达 87.5%[②]。以 2016 年为例，“关爱基金”在社区社会服务、青少年服务、长者服务、学校社工服务及企业外来务工服务方面的投入排在前列（见图 4 - 1），其中社区社会服务占比最高，达 27.27%。H 街道将所有的社会服务项目分为成长型项目和专业型项目，其中专业型项目经费为 10 万元以上，成长型服务项目经费在 10 万元以下（含 10 万元），且成长型社区项目可由街道直接公开征集。H 街道设置成长型项目的目的就是通过小额项目资助，解决社区实际问题，而承接该类项目的社会组织大都为草根 NGO，希望借助项目获得更多合法性。因此，双方的行为逻辑均呈现出契约化的特点。

一、政府的行动策略：“通过契约的合作”

政府职能转移的本质是政府的职能定位和权力的转移[③]，是政府将原本属于社会的权力回归社会领域，这实质是政府内部规模最优的找寻过程，也是重塑政府、市场和社会三者关系的过程，更是社会自治力量培育

① H 街道“关爱 H 城”建设督导委员会：《关爱机制概述》，内部资料，2016 年 8 月。

② H 街道“关爱 H 城”建设督导委员会：《关爱同行，沿途有你——2015 年“关爱 H 城”建设总结及 2016 年计划》，内部资料，2015 年 12 月。

③ 杨超：“机构改革中政府的职能转变和权力转移”，《云南行政学院学报》2000 年第 1 期，第 50 - 52 页。

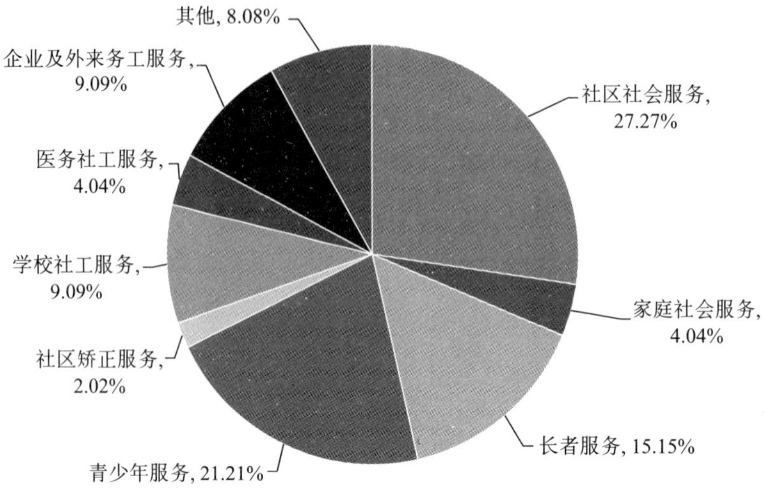

图4-1 2016年“关爱基金”服务项目服务类别（领域）投入比例

和壮大的过程①。但政府转移的职能并不能以行政权力为载体，而需要以“合议公约、自愿服从、自我约束、协商调整和共同发展为内涵”②，这决定了政府要想真正实现职能转移必须为社会创造发展空间，为社会组织的发展提供良好的制度环境③。社会服务项目制是政府职能转移的结果，社会组织对社会服务项目的承接正是社会回归的体现。在社会治理创新过程中社区服务项目是创新的重要抓手，而社区也是服务最终落地点。对社区而言，以满足社区需求与解决社区发展问题为目标而产生的社会服务项目是增量化的供给，因此，社区居委会④对服务的满意度与需求度均较高。

如前所述，H街道社区服务项目在整个“关爱H城”建设项目中占较大比重，因此，社区服务项目的研发成为“关爱H城”建设的重要组成部分，成长型社区服务项目是社区项目研发的方式之一，属于典型的探索性

① 宋宇文、刘旺洪：“国家治理现代化进程中政府职能转移的本质、方式与路径”，《学术研究》2016年第2期，第75-81页。

② 石亚军、高红：“政府在转变职能中向市场和社会转移的究竟应该是什么”，《中国行政管理》2015年第4期，第32-36页。

③ 张劲松、许甜甜：“论非政府组织对政府职能转移的承接”，《新视野》2012年第4期，第71-76页。

④ 社区居委会本应是基层自治组织，但由于承担较多行政性工作且居委会工作人员工资由街道财政拨付，因此社区居委会实质上是街道政府在社区的延伸。

社区服务项目。在这类项目中，街道的主要目的是通过项目引入社会力量解决社区问题，若项目效果突出，便可将成长型项目升级为专业型项目，从而提高项目资助力度和扩大项目服务范围。承接此类项目的社会组织大多为社会团体而非“民办非企业”性质的社会服务机构[①]。因此，成长型社区服务项目引入社区主要有两个功能：一是培育新型社区服务项目；二是加大对民间社会团体的扶持和培育。

服务外来务工人员子女的“爱心学堂‘合’你同行”项目属于H街道的成长型项目，该项目经费为每年10万元。H支持教育志愿者协会通过公平竞争中标。该项目的服务使用单位即L社区是外来人口聚居的社区，流动人口占社区总人口的63.98%，就读于该社区小学的本地学生人数为632人，而外来务工人员子女为3941人，本地学生与外地学生比例为1∶7，这意味着平均每8个学生中就有7名外地学生[②]。因此，社区急需解决外来务工人员子女的融入问题。由于有助于解决社区的实际问题，基层政府积极促进项目开展而非进行控制，基层政府对社会组织的干预比较少，是一种“通过契约的合作”，具体表现在三个方面：

第一，项目立项以有效解决社区实际问题为原则，而不是基于政府的主观意志。项目立项前，首先由职能部门或村（居）委会提出服务需求，街道社工工作中心开展需求调查，通过走访、问卷调查、焦点小组等方法，了解政府职能部门、行业协会、村（居）委会等单位需求，并形成项目大纲及基本指标。正如社工中心工作人员所言：

“比如说社区想要什么样的服务，他们（社区居委）会问我们，你们这边能不能帮我们提供，然后就可以申请‘关爱H城’的专项基金，他们（社区居委）想要一个什么样的服务，我们觉得可以，那我们就会进行实际的考察，最后项目就可以立项，这些项目都是解决社区实际需求的。”（访谈编号：2016061602，访谈对象：H街道社工工作中心某社工）

① 根据2016年9月实施的《中华人民共和国慈善法》（主席令第四十三号）规定，原“民办非企业单位”更名为“社会服务机构”，因此，书中所提到的“社工机构”主要是指“社会服务机构”。

② 资料来源：《H街道“关爱基金”服务项目“爱心学堂‘合’你同行”项目申报表》，2016年4月。

“爱心学堂‘合’你同行”项目的成立便是以解决社区外来务工人员子女的社区融入问题。L社区是外来人口聚集的社区，居民对社区的认同感低，外来务工人员子女对社区的归属感差。再加上L社区由四个社区合并而来①，社区的融合问题本就突出，合并后的L社区更成为“陌生人社会”，对社区居民的生产、生活产生了重要影响。位于H街道中心地带的L社区东约片区的服务需求最大，社区便通过申请街道“关爱基金”服务项目来满足社区内外来务工人员子女在学业、人际交往、社区融入、情感支持、社会网络等方面的需求。

第二，项目招标采取公开征集模式，注重项目标书设计和项目团队建设。在初步制定项目方案后，由政府向社会公开征集详尽的执行方案。在项目评审过程中，注重项目执行方的标书设计和执行团队的素质，包括团队成员数量、专业组成及经验要求等，在保证一系列基本要求之后，由街道财政所、社会服务机构代表、海内外专家学者、项目出资方组成评审会，对投标项目的机构进行公开评审，最终达标机构即可获得项目的执行权。H街道的成长型服务项目就是以公开征集项目的方式进行招标，由街道社工中心组织实施：

“他们（指社会服务机构）就是先根据需求撰写项目申请书，出一个大概的方案，他就去推荐给社区，社区如果觉得OK就可以立项了，然后可以开始招投标，因为如果只有一家机构，那项目会流标，所以对于新立项的项目，我们会告诉三家机构，然后叫他们一起参加多方会议。”（访谈编号：2016061602，访谈对象：H街道社工中心某社工）

以“爱心学堂‘合你’同行”项目为例，由街道社工中心组织评审会，H支持教育志愿者协会根据需求撰写项目申请书，评审会由服务出资方（“关爱H城”建设督导委员会）、街道职能部门（财政所）、社会服务机构代表和高校专家（广东财经大学副教授）共同担任评委，最终H支持教育志愿者协会得分超过80分，项目同意立项，该协会获得项目执行权。

第三，项目评估以《“关爱基金”服务项目管理办法》（以下简称

① L社区因N区“大社区”规划调整，将原来四个社区合并为L社区，导致L社区四个村的融合问题突出。

《管理办法》）为依据。成长型服务项目评估由“关爱H城”建设督导委员会秘书处进行统筹、监督，采用多方主体打分的方式进行统合评估。评估主体包括：专家小组、服务使用单位、项目工作人员及服务对象（随机抽样），各主体所占权重分别为75%、9%、9%、7%①。基层政府在项目评估中较少加入自身意志，服务使用单位分数在项目评审中仅占9%。此外，评估过程包括资料提交和达标考察两个部分，承接成长型项目的机构仅提供项目月报、个案、小组、社区活动记录等文书。且与专业型项目的评估项目不同，在达标考察中评审会只需对指标完成情况和项目经费使用情况进行评审，不需要对机构建设情况进行审查。

由此可见，“爱心学堂”项目在评估中未受基层政府的行政干扰。社区居委会对项目的认同度较高，并积极协助H志愿者协会进行资源链接。目前，L社区东约片区居民对项目的认可度高，社区居委会也有意将项目延伸至其他几个片区，以满足更多社区需求。

“东约的爱心学堂，就是H志愿者协会搞的那个，他们在东约这边做得挺好。以前东约的爱心学堂很容易就报到名，但现在南约片区的小朋友都想过来东约爱心学堂，小朋友排队报名，好几期都排不上，都报不上名，足见它的影响力和吸引力。其他约的小朋友都想过来，因为他们知道爱心学堂比较好玩。”（访谈编号：2016081802，访谈对象：L社区居委会工作人员）

总体而言，基层政府对项目积极支持，较少进行干预，呈现出与社会组织进行契约化合作的特点。

二、社会组织应对策略：“突出质量”与“落实项目”

与西方国家社会组织发育程度不同，我国社会组织是在政府扶持的过

---

① “关爱H城”建设督导委员会秘书处：《H街道“关爱基金”成长型项目评估办法》，2013年7月。

程中产生和不断壮大的，这就导致社会组织面临资金短缺和制度约束的困境[①]，也造就了社会组织独特的运作逻辑。社会组织一方面要努力争取项目，以获得基本生存条件；另一方面也要提高自身的专业性，实现组织的价值目标。这些原因促使社会组织行动策略具有了游走于国家与社会的特点[②]，社会组织利用这些策略来拓展自身资源和获得发展机遇[③]。但组织的行动策略与组织所处的环境有关，制度环境是影响组织行为的重要因素，因此，社会组织的这种多重策略性应对是政府介于科层与市场之间行动策略的制度环境所决定的。在社会服务项目制中，社会组织的行动策略与政府的行为逻辑密不可分，是社会组织在制度和环境的压力下所采取的理性应对策略[④]。

在基层政府大力扶持、社区积极引进的社区服务项目中，为了培育新型项目和壮大当地社会组织力量，基层政府较少对项目进行干预，并将解决社区实际问题作为项目立项依据，总体上呈现出“通过契约的合作”的行为特点。社会组织在此制度环境中，迅速把握发展机会，积极发挥专业特长，以提高服务质量来促进项目落地并获取政府的资金支持，具体表现在三个方面：

（一）项目立项过程中，找准社区服务需求，积极参与项目研发

一是通过前期走访，确定服务目标及服务对象。根据初期需求调查结果，并结合机构自身的优势，确定服务目标及重点服务人群，开展深入的需求调查。二是根据需求调查结果和服务对象制定服务计划。具体而言，根据已确立的服务目标及社区需求结果设定服务内容，并形成一系列服务计划。H 支持教育志愿者协会在“爱心学堂‘合’你同行”项目立项中，对社区需求进行了一系列走访和调查，发现 L 社区各片区之间的融合问题

① 陈为雷：《社会服务项目制的建构及其影响研究》，中国社会科学出版社 2015 年版，第 119 页。

② 陈天祥、徐于琳：“游走于国家与社会之间：草根志愿组织的行动策略——以广州启智队为例”，《中山大学学报》（社会科学版）2011 年第 1 期，第 155 - 168 页。

③ 黄晓春、嵇欣：“非协同治理与策略性应对——社会组织自主性研究的一个理论框架”，《社会学研究》2014 年第 6 期，第 98 - 123 页。

④ 田凯：“非协调约束与组织运作——一个研究中国慈善组织与政府关系的理论框架”，《中国行政管理》2004 年第 5 期，第 88 - 95 页。

突出，而爱心学堂项目的主要服务目标也是解决社区外来务工人员子女融入社区的问题，因此，项目设计中，H 协会将项目名称定为“爱心学堂‘合’你同行”，以突出项目为外来务工人员子女服务的特点。这一举措使 H 协会在招标评审时加分不少。

“我们项目的名称原来为‘爱心学堂——认识城市之旅’，但是后来发现这个项目名称不太符合整个项目的特色，且项目重点不突出，因此，项目名称最终改为爱心学堂‘合’你同行。在服务对象确立上，我们也计划通过多种手段识别报名学堂家长的身份，尽量减少本地学生报名名额，确保项目资源向外来务工人员子女倾斜。”（访谈编号：2016061502，访谈对象：H 志愿者协会项目社工）

（二）积极组建项目团队，提高项目执行能力

社会组织需要组建具有凝聚力和高素质的项目团队来执行项目，以此提高机构的专业性，从而获得政府的信赖。因此，机构对项目执行团队的成员数目和成员素质均需谨慎考虑。H 志愿者协会成立于 2006 年 10 月，以轮换制持久支教的方式组织志愿老师赴偏远山区及内地留守儿童农村进行支教，解决儿童上学难、上学差的问题，是中国第一家注册为社会团体的纯草根机构支教组织，目前，该支教组织有专职社工 10 名，二线义工 500 多名[①]，因此，机构在“爱心学堂”项目执行团队建设中也采用“社工＋义工”的模式。由于“爱心学堂”项目为街道成长型项目，而成长型项目经费在 10 万元以下，故本项目只能配备一名社工[②]，但在项目实际运行中，机构发挥自身优势，以“专职社工＋志愿者老师”模式提高项目执行力度：

“实际上，我们要想做好这个项目，一个社工是完成不了的，我们自己配备的是两名社工，但 H 街道社工指导价是 4000 元/月，所以，项目申请书中我们人员配备是一名兼职社工主任，一名兼职一线社工，但实际上我们都是全职的，机构就只能补贴人员经费了。两名社工中一人负责个

① H 志愿者协会官方网站：http：//www.hyy1996.org/xiangqingdh－201608091415050.htm。

② H 街道社会服务项目经费一般为一个社工每年 10 万元，其中包括社工薪酬和项目活动经费。

案，一个人负责社区活动，除此之外，我们会招募志愿者来完成项目运作，比如冬令营、夏令营活动我们会招募一些社会人士或者附近学校的大学生志愿者，周中的430学堂志愿者相对少些，但也都会有志愿者作为补充。”（访谈编号：2017012401，访谈对象：H志愿者协会项目负责人）

（三）注重项目内容设计，提高服务质量，保证项目持续运转

根据项目需求与服务内容设计完整的服务计划，以此保证高质量完成项目。爱心学堂是该协会为外来务工人员子女服务的平台，H志愿者协会借助机构资源及L社区居委会资源，从儿童安全、儿童成长及儿童城市适应三方面入手，达到儿童成长与照顾的目的，并通过认识城市之旅活动带领儿童适应城市生活，并对社区产生归属感。在上一项目周期，爱心学堂项目进驻L社区东约活动中心期间，有12.5%的6—14岁L社区儿童接受过爱心学堂的服务，其中外来务工人员子女占比86%，服务人数持续增长，平均每周有2人新加入到爱心学堂中[①]，项目在东约片区及L社区获得了一致好评，该项目也于2014年获得了“关爱H城”建设“优质服务项目奖”。

在注重项目设计的同时，机构积极总结发展模式，制定了项目发展的长期计划。计划通过三年时间对服务进行复制，第一年通过社区走访了解社区基本情况，发掘社区服务对象及需求；第二年通过开展品牌系列活动建立社会网络，链接多方需求；第三年深化服务和进行服务对象延伸。目前，爱心学堂项目已经成为H志愿者协会开展服务的重要形式之一，机构在F市C区、长沙、北京等地均开设了爱心学堂。

三、对双方行为的解释：强激励、弱控制下的市场逻辑

在社区探索性项目中，政府与社会组织之所以表现出以上行为策略，是因为项目运行中激励和控制因素发生了变化。组织行为受组织目标和外部资源环境的影响，“所有参与者在决定组织目标上地位平等，没有任何

① 资料来源：《H街道“关爱基金”服务项目“爱心学堂‘合’你同行”项目申报表》，2016年4月。

团体能够使组织完全接受他们的目标”[①]，因此，组织间的目标是否一致会影响参与双方的行为逻辑。组织绩效、参与者和行动计划要以组织的目标来评价[②]，在探索性的社会服务项目中，政府与社会组织的目标趋于一致，二者受到较高的激励来落实项目。组织的外部环境就像是一个帐篷，组织需要不断地改变自身的行为逻辑以适应变化的环境[③]。探索性社区项目中，政府与社会组织间资源依赖状况构成了组织行为的外部环境，二者的行为逻辑随资源依赖的不同而发生变化，政府对社会组织的专业性依赖和绩效依赖均较低，使政府在权力配置过程中处于优势地位，因而控制力度也降低，这使社会组织的自主性较大；政府对社会组织的监管嵌入性在此项目中也呈现出了弱结构嵌入和弱政治嵌入的特点，同样降低了政府对社会组织的控制力度，这使双方呈现出市场导向的行为逻辑。

（一）目标一致性：强目标一致性促使双方受较高激励

组织目标是一个复杂的偏好集合，组织目标代表组织的偏好，组织间的偏好是否一致会影响双方的合作状态[④]。当双方的目标一致性较强时，二者会受到较大的激励采取一致行动。在社区探索型社会服务项目中，基层政府与社会组织双方的目标较为一致，这使二者积极采取行动将项目落实。

从政府角度而言，在探索型社会服务项目中，基层政府的目标是尽力让项目留在社区，从而解决社区实际问题、满足社区的多元需求。作为政府职能转移、创新社会治理的重要手段，社会服务项目制在 H 街道以需求为导向。服务的开展并非以综合服务中心为载体，而是以社区实际需求为出发点，因此，社区探索型项目大量存在。正如 H 街道某职能部门负责人所言：

---

① Martin Shubik, Richard M. Cyert, James G. March, A Behavioral Theory of the Firm, Journal of the American Statistical Association, 1965, 60 (309): 378.

② ［美］W. 理查德·斯科特、杰拉尔德·F. 戴维斯著，高俊山译：《组织理论：理性、自然与开放系统的视角》，中国人民大学出版社 2011 年版，第 247 页。

③ Hedberg Bo L. T., Nystrom Paul C. and Starbuck William H., Camping on Seesaws: Perscriptions for a Self - Desiging Orgnization, Administrative Science Quarterly, 1976, 21 (1): 41 - 65.

④ ［美］W. 理查德·斯科特、杰拉尔德·F. 戴维斯著，高俊山译：《组织理论：理性、自然与开放系统的视角》，中国人民大学出版社 2011 年版，第 248 页。

“我们街道与其他城市或镇街的社会服务开展不同，我们是通过项目的形式开展服务的，就是哪个社区有什么具体需求，我们就开一个哪方面的服务，比如有的社区需要开展青少年服务，我们就会探索一个新的青少年项目出来，作为初期的探索和试验，也是为了能解决这个社区的具体问题。”（访谈编号：2016070401，访谈对象：H街道社会工作委员会副主任）

以L社区的“爱心学堂”项目为例，基层政府希望在社区开设新的服务项目，以解决社区外来务工人员子女对社区和城市的融入问题，因此，通过设立“发展型”项目形式引进社工，探索社区外来务工人员子女服务模式，最终使项目成长为专业型项目并在全街道内推广。

“外来务工人员在我们社区的贡献非常大，我们在社区服务上，除做好本地人的服务之外，还希望以后服务向外来务工人员倾斜，开展像爱心学堂一样的儿童托管类服务非常重要，希望能多些这样的服务，目前服务效果也比较好。”（访谈编号：2016081802，访谈对象：L社区居委会工作人员）

从社会组织的角度来看，社工机构在社区探索型服务项目中的首要目的是尽力把项目设计好并具体落实，并希望项目能持续下去，使自己站稳脚跟，以此来扩展服务内容，实现机构使命。对于H志愿者协会这类草根型社会组织而言，将项目落地并实现机构自身使命是承接社会服务项目的首要目标。在落实项目过程中，将自身使命和社区特色结合起来，提升服务项目的质量和影响力。H志愿者协会在L社区服务开展的过程中，积极联动社区资源，努力满足项目需求，以实现项目的延续。

“爱心学堂的项目是我们机构的一个理事在其他社区开始做的，但是我们在东约的项目就是根据社区的服务需求和机构的特色来开展的。我们肯定希望项目能够做大，但是也要看人员和经费，只要各方面条件成熟，我们肯定是希望项目更大，孩子们有成长，社区能更进步。”（访谈编号：2017012402，访谈对象：H志愿者协会机构负责人）

综上所述，基层政府与社会组织在探索型社会服务项目中目标一致性较强，双方都希望通过合作使项目落地并解决实际问题，这使双方收到较强的激励。在目标一致的情况下，双方都致力于提高项目质量，基层政府有动力促成项目的成长并积极提供各种资源支持。而社会组织也有动力丰富服务内容，吸引更多服务对象参加活动，以此实现项目的落地。

“居委会对我们的支持力度还是挺大的，平时也是会有很多资源给到我们。例如，平时协助我们开展一部分活动啊，进行社区走访啊，社区宣传什么的，都有帮助的，我们都是为了把项目做好。”（访谈编号：2017012401，访谈对象：H志愿者协会项目负责人）

（二）资源依赖程度：弱专业依赖和弱绩效依赖导致弱控制

控制、影响他人是一种权力，它来源于前者对后者所珍视的事物的控制，权力事实上隐匿一个人对另一个人所控制的资源的依赖①。组织与组织之间的权力控制关系也如此，政府对社会组织的资源依赖体现在对社会服务的专业性依赖和对项目的绩效依赖两个方面，社会组织对政府的依赖主要是资金依赖与合法性依赖两个方面。在探索性社区服务项目中，政府对社会组织的专业性依赖和项目绩效依赖均较低，而社会组织对政府的资金依赖和合法性依赖均较高。这使基层政府在双方权力关系中处于优势地位，因而对社会组织的控制力度较低。具体而言，主要体现在两个方面：

第一，政府对社会组织的专业性依赖、项目绩效依赖均较低。由于“爱心学堂”是社区探索型项目，并未涉及政府关键政绩领域，在项目开展初期，对政府的绩效影响并不大，因此，基层政府对项目的绩效依赖较低。此外，从项目的专业性来看，成长型项目的服务对象与服务内容较为单一，政府对项目的要求只在于活跃社区氛围，增强社区凝聚力，故而对社会组织的依赖度较低。H街道某社区负责人表示：

“有些社区未必知道社工是干什么的，他们就会认为，为什么其他社区有，我们没有呢？我们也需要有社工进来，不管他是否能解决社区实际问题，反正社工来了，至少有一个好处就是他能活跃社区氛围，有活动搞嘛，我们欢迎他加入到社区中来。”（访谈编号：2016070802）

由此可见在成长型项目中，政府对社会组织的专业性依赖并不大，对

① Emerson, Richard M., Power - Dependence Relations, American Sociological Review, 1962, 27: 31 - 40.

服务开展方式和效果的期待更多的在于活跃社区氛围，项目绩效在成长型项目中并未体现，这使政府对社会组织的资源依赖程度总体上较弱，政府在权力关系中的位置较为有利，因而对社会组织的控制力度也较低。

第二，社会组织对政府的资源依赖较强，这巩固了政府在权力控制中的优势地位。组织间的依赖与相互之间能够提供的资源有关，且组织间资源的替代性越弱，一方对另一方的依赖程度就越强①。在探索型服务项目中，社会组织对基层政府提供的资金支持具有较强的依赖，且这种基金依赖的可替代性较低。以L社区的服务项目为例，H志愿者协会作为草根组织对政府资金的依赖性较强，只有通过积极争取政府服务项目，才能获得持续发展的动力。H志愿者协会成立于2006年，主要致力于帮助边远山区及留守农村的儿童提高教育水平，但在城市社区的支教服务较少，因此，要想实现机构“帮助比较多孩子，具有相当大影响力”的目标，机构必须通过与基层政府合作，获得更多的基层城市社区项目资金支持。

“往往成长型的项目，机构的意愿更大，因为机构是希望‘关爱基金’能扶持的，因此机构的主动性和积极性都比较高。”（访谈编号：2016070802；访谈对象：H街道社工中心某社工）

除资金依赖以外，此类服务项目中，社会组织对政府的合法性依赖也较强。H志愿者协会作为民间志愿组织具有一定的社会影响力，但依然无法改变其草根组织身份，这影响了公民对组织的合法性认同。为承接H街道社会服务项目，H志愿者协会于2012年在N区注册为F市N区H支持教育志愿者协会，以社会团体的身份申请H街道的成长型服务项目。而街道也出于对草根志愿组织的支持，积极协助其开展服务。经过几年的服务积淀，H志愿者协会在H街道的社会影响力不断提高，社区居委会与L社区居民对机构的认可度提升，H志愿者协会依赖项目获得了较高的社会合法性。该机构负责人如是说：

“我们并非为了扩大自身的影响力而申请项目，但是我们在服务不断深化和提升的过程中、用心在做好项目的同时，项目肯定会给我们带来影

① Thompson, J. D., Organizations in Action, New York: McGraw - Hill, 1967: 105.

响力。”（访谈编号：2017012402）

由此可见，在社区探索型服务项目中，政府对社会组织的依赖较低，而社会组织通过项目获得基金支持和合法性，对基层政府的依赖较强，两个因素共同决定了政府对社会组织的弱控制，这使社会组织拥有了较大的自主活动空间，而且社会组织通过提高自身专业性和保证项目质量以获得竞争力，以此来提升政府对其专业性的依赖程度。

（三）监管嵌入性：弱政治嵌入和弱结构嵌入下的弱控制

在政府监管过程中，是否嵌入社会组织内部，或将社会组织嵌入政府自身体制体现了政府的控制程度。这种监管嵌入性主要体现在政府对社会组织的政治嵌入和结构嵌入两个方面，嵌入性决定了控制的强度，因此政府对服务项日的政治性嵌入越强，表明政府对承接该项目的社会组织监管力度越大，控制也就越强。同理，政府对社会组织的结构性嵌入程度与政府对后者的控制力度呈正比。社区探索型项目中，社会组织在基层政府的弱控制之下，积极发挥专业性，以提高组织的核心竞争力。

一方面，监管的嵌入性较弱使政府对社会组织的控制程度亦较弱。在社区探索型项目中，基层政府的主要目的是通过项目发掘社区需求，以此扩大服务覆盖面。因此，项目在设计和立项过程中，主要立足社区需求，街道没有将自身意志嵌入项目，因此监管中的政治性嵌入较弱，社工机构只要按合同要求完成项目要求即可达标，社区某负责人如是说：

“在这些社区项目中，我们对具体的项目形式可能会推荐一下，但整体内容还是由机构（指社工机构）来写，最终项目的发展方向也比较倾向于机构所设计的项目内容。我们就是希望社工进入社区之后，慢慢从活跃气氛再到能解决实际问题，但目前来看还在探索中，因此，整体上我们还是希望给机构较大的发挥空间。”（访谈编号：2016070802）

在社区探索型项目中，社区居委会对社会组织的结构性嵌入也较低。由于项目处于发展阶段，服务项目的成效暂未显现，社区居民对社会组织的认可度也还在建立过程中，因此居委会对项目持积极支持态度。L 社区的“爱心学堂”项目正是为了解决社区外来务工人员子女的社区融入问题，居委会只希望社会组织能保质保量完成项目，而无须对社会组织进行人员吸纳，这也降低了政府对社会组织的嵌入式控制。

另一方面，社会组织努力完成项目以减少社区居委会的嵌入。组织的竞争力体现在组织所拥有的多样化的生产技术①，组织只有拥有独特性、稀缺性和创新性的资源才能获得核心竞争力②。在探索型社会服务项目中，社会组织努力提升自己的专业性，不断深化和拓展自己的专业优势，以此获得竞争力。H志愿者协会是专门从事轮换制支教服务的志愿组织，有自己独特的志愿者招募流程和方式，这为其开展成长型服务项目提供了一定的便利。H协会通过扩展“爱心学堂”项目的服务内容，借助机构丰富的支教经验，不断升级“爱心学堂”的课程内容，尽量凸显机构特色。如在“认识城市之旅”服务过程中，改变原有的“你教我学”的课堂形式，代之以“你我共同动手做”的学习方式，受到学生的一致好评。在保证自身专业性的基础上，社区居委会对其服务效果较为满意，从而减少了对社会组织的结构性嵌入。

在政府对社会组织的结构嵌入与政治嵌入均较低的情况下，社会组织拥有更大的自主性空间。虽然项目的剩余控制权保留在政府手中，但由于探索型社区项目并未成为政府最为关注的领域，因此项目运行中的控制力度也较低。这使双方呈现出市场导向的行动策略。

第二节　市场嵌入科层的政府与社会组织行为逻辑

社会服务项目制的产生是政府绩效合法性逻辑在社会服务领域的延续，这说明多数社会服务项目在实现政府职能转移的同时承担了实现政府绩效的功能。某些社会服务项目从设计到落实本身就是政府创新社会治理

① Prahalad C. K., Hamel Gary., The Core Competence of the Corporation, Harvard Business Review, 1990, 68 (3): 79 -91.

② 耿紫珍、刘新梅、杨晨辉：“战略导向、外部知识获取对组织创造力的影响”，《南开管理评论》2012年第4期，第15 -27页。

的过程，项目往往成为政绩亮点工程，因此政府非常关注整个项目的运行。在此类项目中，基层政府与社会组织之间的激励与控制程度也开始发生变化。由于项目对双方而言均是各自合法性和绩效的体现，因此双方均希望提高项目质量，目标一致性较强使双方受到了较强的激励。此时，政府对社会组织的资源依赖性较强，因此对项目的控制力度也相应加强。在项目开展中，政府时刻都在密切关注项目的走向，因此监管嵌入性也较强，因此社会服务项目制呈现出强激励、强控制的特点。基层政府与社会组织的力量对比在项目开展中不断发生变化，因此，前者更倾向于采取将市场嵌入科层的行动策略。社会组织凭借政府对其的强资源依赖，积极进行“适度的反控制”，在注重项目发展、提高自身专业性的同时，借助项目的合法性展开“敲竹杠”式的“反控制”。

以政府购买社会服务方式进行社会服务供给已经成为各级政府社会治理创新的重要方式。政府购买社会服务的领域也由青少年服务、长者服务、社区家庭服务逐步扩展到其他领域。H街道在开展“关爱H城”建设中，打破原有社会服务框架，开拓出众多较为新颖的社会服务领域。社会服务项目除社区长者、青少年、家庭等服务之外，还有诸如企业、医院、心理援助、农村社区等领域的服务项目。其中企业社工服务的服务对象主要为企业及企业员工，医务社工主要为医护人员或病人及家属提供支持，心理援助主要是借助心理援助热线并配备专业社工为市民心理咨询支持，农村社区服务项目主要是促进社区转型与社区融合。2009—2016年，“关爱基金”在各个领域的资金投入总额超过4000万元并仍在持续增长，这构成了基层政府协同社会力量推进“关爱H城”建设的重要保证，多样化的服务内容也丰富了H街道社会建设的内涵，成为H街道社会治理创新的重要组成部分（详见图4-2）。这些服务项目虽然在整个服务项目中所占比例不大，但却是基层政府社会治理创新的重要成果。因此，此类服务项目中，政府与社会组织双方的行为策略均发生了变化。

一、政府行动策略：“通过合同的控制”

虽然竞争性力量会提高政府提供公共物品的内在效率，但在政府创新

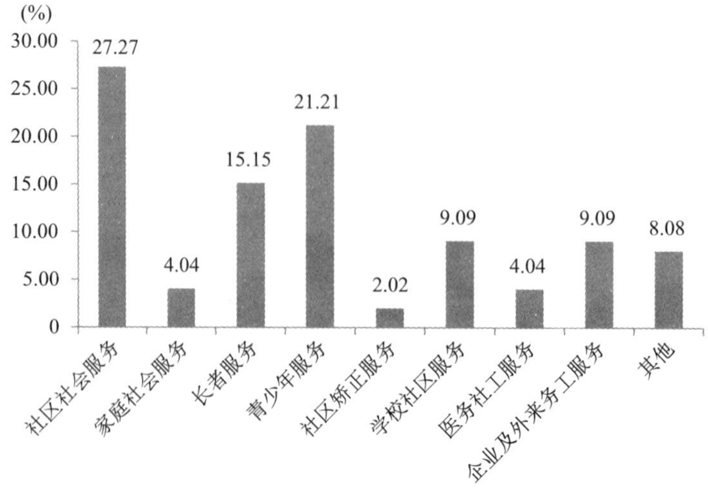

图 4－2　H 街道社会服务项目资金分配图

资料来源：历年“关爱 H 城”建设总结材料。

社会治理的初期，公共服务外包往往是非竞争性的，大多数情况下是政府对社会组织的单一采购。社会服务更是一种软性的公共服务，社会服务项目制运行中往往存在弱竞争性的问题①。更多情况下，为了提高项目的专业性和创新性，社会服务项目是由基层政府部门与社工机构共同设计或共同研发的。社会组织在此类社会服务项目中的地位非常重要，在公共服务合同外包并未成熟的环境下，社会组织借助与政府的合作迅速获得了合法性。而公共服务合同外包中，政府外包的只是服务，而非提供公共服务的职责，政府需要承担公共服务失效的潜在风险。虽然政府购买公共服务已成为一种世界性的制度安排，但显然我国政府对风险的认识还知之甚少②，这为社会组织提供了“反控制”的空间。

如前所述，H 街道在“关爱 H 城”建设过程中，积极培育和孵化社会组织，开拓出多个领域的社会服务项目，这些创新性项目构成了 H 街道社会治理创新的重要组成部分。政府邀请知名社工机构共同研发社会服务项

① 侯志伟：“政府购买公共服务的竞争性分析框架及制度机制——基于 S 市经验的案例研究”，《中国行政管理》2016 年第 7 期，第 57－63 页。

② 周俊：“政府购买公共服务的风险及其防范”，《中国行政管理》2016 年第 6 期，第 13－18 页。

目，虽在一定程度上改变了原有的社会服务供给模式，但也意味着政府购买社会服务的竞争性较差。作为“关爱H城”建设主题基地之一的“企业创享家”项目就属于此类项目。“企业创享家”项目以“关爱企业，关爱人”为服务宗旨，联动政府职能部门、商企协会、社会组织等资源为企业及员工提供团队培训、职场技能提升、行业交流、主题联谊等服务，项目旨在搭建企业公益参与平台、企业互助平台和政企服务平台，多角度为H街道的企业提供社会服务，达到留住优秀企业和企业人才的目的①。“企业创享家”社会服务项目为整个“关爱H城”建设亮点之一，街道在这类项目中通过合同开展对社会组织的控制，整体上呈现出一种市场对科层的嵌入，具体表现在以下几个方面：

第一，由单一采购转向“邀约”竞争购买，逐渐加大“邀约”力度。代表政府政绩亮点的公共服务项目中，基层政府与社会组织在项目设计中达成同盟，但随着时间的推移，社会组织凭借专业优势实施反控制，社会力量不断增强的同时，政府的行为开始发生变化，通过“邀约”多种类型的社会组织加强项目的竞争力度，以实现对社会组织的“合法化控制”。

“因为项目建设初期，社会组织比较少，所以我们是直接邀请社会组织来承接服务的。现在经过几年的发展，社会组织自认为已经干得不错，做了五六年的人都可以成为这个行业的专家，都可以做督导甚至都可以出书了。但我担心他们实际都太稚嫩了。因此我跟他们说我们不要只依靠社工机构，这也不是我们最初设计项目的初衷。我们现在要改，要加大引进一些其他类型的社工机构。从H街道做起来的话，我们对这些机构还可控，但现在其他镇街都在做，机构可以选择的成本很低，机构随便跳槽的机会太多了，我们必须加强一定的竞争性才行。”（访谈编号：2016071502；访谈对象：H街道党工委委员）

又如街道社工中心某负责人所言：

“有一个项目我们合作了3—4年，但是整个机构的人员素质下降，社区（服务使用单位）逐渐显示出了不满意的态度，当时我们就认为需要和

---

① “关爱H城”建设督导委员会：《关爱H城服务项目手册》，内部宣传资料，2015年。

机构进行约谈，同时转达社区的意见建议，当时我们也给他提出了一些改进的建议以及希望他们能做得更好。同时，我们也对外发布了新一轮的招标讯息，这就意味着有抢标的过程，同时我们也告知其他的机构可以同时来竞标，就是说对外让其他机构也来竞标。”（访谈编号：2016062901）

第二，由合同外约束转向合同内约束。创新性社会服务建设初期，单一采购与弱竞争性带来的不完全合同大量存在，社会服务项目的推进往往依靠的是合同外约束。社会组织与基层政府签订合同之后，项目的具体落实并非完全按照合同条款进行，而是通过向基层政府提出申请而修改项目内容，或是对合同条款进行补充。基层政府为推进项目顺利开展，往往会默认社会组织的此种行为。但项目在开展到一定程度之后，由于绩效合法性的潜在压力和服务的浅在风险加强，基层政府开始改变行动策略，开始通过合同内约束来对社会组织展开控制：

“很多项目调整过程中，实际上审计的风险和项目的风险都在政府手里，若领导批准机构所做的事情，最终只能变成风险落在政府工作人员头上。很多机构把政府当‘傻子’，广州的机构较多，发育比较成熟，行业内的交流比较多，如果机构做不好，会有行业内部的压力，等于砸了自己招牌，但H街道的机构毕竟没有特别发达。因此，我们的项目管理也越来越严格，机构也对跟我们的合作更警惕，机构更‘痛恨’我们这里。但是我们必须要遵循这个过程（指按合同办事），否则政府对社会组织更无法控制。”（访谈编号：2016080901；访谈对象：H街道社工中心某社工）

H街道“企业创享家”服务项目就存在以上问题，街道加强对承接该项目的B机构的监管力度，但依然存在合同外约束的问题。项目开展过程中，不断通过合同外审批进行项目调整。虽然由于有限理性和项目的不可预测性政府在招标过程中不可能完全规定服务内容，因此需要通过社会服务机构进行实际的项目设计，但也不能排除社会组织在重新设计服务项目中向有利于自身的方向修改项目内容。因此，在“企业创享家”项目开展近4个周期之后，H街道开始考虑通过减少合同外约束来控制这种风险。

第三，扶持社会组织发展的同时加强对他们的控制，提高验收标准。政府通过合同对社会组织进行约束的同时，也加强了对其控制，在评估验收过程中，引入第三方专业评估机构，基层政府充当组织评估和链接资源的桥梁。此外，为保证机构服务的延续性，社会服务项目周期由一年延长至两年。“企业创享家”服务项目作为H街道创新社会服务的典型项目，评估验收时机构不仅需要对服务内容和成效进行中期、末期汇报，还必须完善各类项目文书。评估机构还组织服务对象参与项目评审，并展开深度访谈和问卷调查。此外，加强对项目资金的监管力度，街道专门组织财会人员协助机构进行审计，对机构经费支出进行严格审核。比如在评审中对督导的工作时间与薪酬进行核实，对兼职或全职员工的工资待遇进行严格把关。

“我们即使有挂钩社工，但也无法实际跟踪他们的具体执行情况，我们无法监管那个项目中的社工是否真的在那里开展活动。但从财务上看是比较可行的，他们这个兼职的人是否拿工资，如果拿工资，那我们就需要具体看一下他是否全职在这里工作。”（访谈编号：2016080901；访谈对象：H街道社工中心某社工）

二、社会组织应对策略：“敲竹杠”式的“反控制”

如前所述，组织行为受外在环境的影响，当政府采取“通过合同控制”的行动策略时，社会组织也改变了自己的应对策略。在政府购买社会服务的最初阶段，公共物品由科层供给转向由社会组织供给本身就是一项创新，众多社会组织作为“元老”级参与者与基层政府共同开发创新型社会服务项目，在整个项目运行中具有先天优势。而社会服务项目作为软性服务，在研发中具有不可预测性，围绕基层政府与社会组织合作而建立的契约往往是不完全的，双方无法完全约定契约中的所有因素①。因此，社会组织在与政府合作的过程中，利用自己的专业优势和信息的不对称展开对政府“敲竹杠”式的“反控制”。

H街道“企业创享家”项目是H街道为探索企业及企业员工服务而开

---

① 方世建、魏小燕：“合作研发中的‘敲竹杠’问题研究”，《运筹与管理》2010年第6期，第176－180页。

发的服务项目，始于2012年，项目运行至今，已经取得了一定成效。B机构作为项目设计的主要参与方积极完成项目，获得了基层政府的信任与资金支持。但项目运行一定周期后，机构在壮大自身的同时也开始对基层政府实施“反控制”，具体而言：

一是社会组织开始借助项目不断提升自己的专业性，在项目开始初期，积极争取项目执行权，保证项目质量。B机构积极参与项目的设计与研发，为机构的建立和发展奠定了一定基础。“关爱H城·企业创享家”是“关爱H城”建设的主题基地之一，该基地位于H街道的新型工业园区H工业园，项目在设计之初就围绕服务H街道进驻的新型企业的目标而开展。B机构负责人争取机会，积极与街道合作，共同研发出“企业创享家”社会服务项目，围绕“关爱H城”建设“爱己及人、助人乐己”的主题，提炼出“关爱企业、关爱人”的项目宗旨。正如B机构项目负责人所言：

“我们这个创享家的概念是我们的理事长在2012年的时候与政府工作人员一起构思的，整个场地的布置等都是理事长与政府部门工作人员一起去设计的，所以我们这个机构从2012年就开始在这里进驻。”（访谈编号：2015111602）

此外，B机构在服务中努力突出自身的专业性，不断完善项目质量。“企业创享家”实际上还进驻了四家商企协会，B机构努力突出专业性，打造项目亮点，经过几年发展，已经形成了自己的服务品牌。

“因为现在企业创享家的做法在全国来说也是比较新颖的，因此目前来看，它还是值得去做的。很多服务都是直接进驻到企业里面为职工服务，但创享家不一样，创享家更多的是一个创新平台的搭建，偏重于服务企业及企业中高层联动这些方面。创享家更多是一个平台，活动开展不像在企业职工中直接开展那样地道或者多产，但是我们有自己的三大服务品牌，叫作‘创·企·行’，这里我们更多的是联动创享家进驻的其他类型社会组织。”（访谈编号：2015111602；B社工机构项目负责人）

二是在项目运行中，通过合同外约束作为不完全契约的补充条约。根据不完全契约理论，由于有限理性和信息的不完全，契约的签订往往是不完全的，这就导致了合同外约束的出现。如前所述，社会服务项目本身的特质决定了合同不可能完全包括项目落实中的具体操作化过程，因此，在执行中往往存在项目调整的问题。而参与创新性项目的社会组织经常会借助这一点，在项目招标中提高要求，保证项目质量以更为顺利地拿到项目，但在实际落实中却常常通过项目调整而降低标准，这实际上是社会组织对政府实施的反控制。

"《关爱基金项目管理办法》在2016年进行了完善，其中对于5人以上的项目的项目主任要求配备中级社工师。但在招标过程中，如果所有竞标机构均未能配齐中级社工师，那么这一要求也就可以商量。为了能顺利中标，在项目申报书中，机构计划配备一名中级社工师作为项目的负责人并将其写进执行方案。他们这样做的目的就是为了在招标中获得优势，因为招标的时候专家只能通过标书来判断机构是否有资质，而从标书来看，中级肯定要比其他机构的初级好，最终顺利拿到标书。而且实际上中级与初级的工资是不一样的。"（访谈编号：2016080901；访谈对象：H街道社工中心某社工）

而机构在顺利中标之后，又开始修改项目标书的人员配备，理由是机构难以招募到从事企业社会服务的中级社工师。因此，机构起草文件报政府部门审批，在以往的创新性服务项目中，基层政府往往为保证服务顺利开展，默许机构的做法，这样合同外约束成为整个项目运行的准则。

三是通过"不作为"或"低效率作为"而实施反控制。在项目不断深化且项目管理逐渐规范的情况下，社会组织作为项目开发者的优势作用也在不断减弱。项目需要通过正式的招标流程和规范的审批流程才能立项。社会组织也由此而逐渐产生一定顾虑：

"但是项目就是一年一投标①。所以我们每年评估完，到投标的时候大家会担心今年会不会有人来抢。因此我们会提出更好的概念和更加完善的想法保证我们再次中标。"（访谈编号：2015111602；B社工机构项目负责人）

---

① 自2016年起，H街道的某些重要社会服务项目两年一投标。

面对政府运用合同内约束来控制机构的行为，社会组织开始采取“拖”的战术，通过“不作为”或“低效率”作为来实施反控制。在政府不予审批项目调整申请的情况下，B机构在新一轮项目中以“确实不好招募中级社工师”为由迟迟不配齐项目执行人员，这无疑将风险转移给基层政府；而当政府继续施加压力，要求必须按照项目标书要求配备中级社工师的情况下，B机构终于配备了中级社工师，但具体运作中，却以“低效率作为”来应对。

“他们虽然也配有一名中级社工师，但分工基本和从前一样，原项目负责人还是在做项目负责人该做的事情，中级社工师基本没有融入进项目中，且新聘用的中级社工师擅长做社区服务，对企业服务并不了解。我们给了他们两个月的调整时期，但似乎机构并未认真考虑政府的意见，在分工和活动开展上并没有实际的改变，认知上也还是一如从前。”（访谈编号：2016080901；访谈对象：H街道社工中心某社工）

三、对双方行为的解释：强激励、强控制下的市场嵌入科层逻辑

在创新性社会服务项目中，政府通过合同来对社会组织加以控制，表现出市场嵌入科层的行为特点，社会组织为此展开了反控制，双方之所以表现出以上策略，是因为项目的激励和控制程度由“强激励、弱控制”转变为“强激励、强控制”。政府与社会组织共同研发社会服务项目，并成为政府的政绩亮点工程，双方在目标上表现出一致性，这使二者受到强激励将项目落实；由于此类服务项目在开始之初便成为政府的重要创新，因此，政府对社会组织的绩效依赖和专业性依赖均较高，这使政府在权力配置中的优势地位发生变化；而社会组织因政府对其的依赖性加强且未受到行业约束，而通过各种手段加强对政府的反控制，这反而更加强了政府对社会组织的控制力度；项目涉及政府社会治理创新的成效和服务的延续性，政府加强了对项目的政治性嵌入和结构性嵌入，监管力度不断加强，这也致使政府的控制力度提高。以上几方面因素共同决定了政府与社会组织在此类项目中的行为逻辑。具体而言：

（一）强目标一致性：强激励导致双方共同完成项目

组织间的目标一致会使组织双方受到强激励，从而加强组织合作。与探索型项目类似，基层政府与社会组织在创新型项目中的目标趋于一致，这使双方积极将项目打造成为政绩亮点，提高双方在各自领域的合法性地位。由此，政府与社会组织积极配合进行项目研发。H 街道在进行社会治理创新过程中，较多服务项目是由政府与社会组织共同研发的，双方在保证项目落地、提升项目成效上具有一致性。七大主题中心中的多个项目均是以这种形式展开，分别代表各个领域的服务创新。

从基层政府角度看，创新性社会服务项目有利于实现良好的治理绩效预期和树立良好的地方声誉，因而受到政府的高度重视。“企业创享家”项目是“关爱 H 城”建设的七大主题中心之一，以“关注企业、关爱人”为宗旨，联动政府职能部门、商企协会、社会组织等资源，为企业及其员工提供各类服务。2012 年，B 机构理事长受政府职能部门邀请一起设计和研发企业社会服务的形式，“企业创享家”项目由此而来。作为 H 街道社会治理创新的一大亮点工程，政府的目标是落实项目并积极将之打造为“关爱 H 城”建设的品牌。

“当时开始的时候涉及的领域也没有现在这么多。随着街道的发展，各方面需求的增加，所以就做得更多，这个服务领域就得到了扩展。有更多需要的我们就加大力度去做。特别是企业主以及商界的服务，已经成为我们这个关爱服务的重要部分，这几年我们就想再增加这方面的投入。”（访谈编号：2016071402；访谈对象：H 街道社会工作委员会主任）

从社会组织的角度来看，承接该项目的 B 机构也有着与街道一致的目标，因为项目的开展有利于增强组织的服务能力和改善组织声誉。B 机构是 H 街道最先引进的社工机构之一，街道通过考察与衡量之后，决定与 B 机构一起研发“企业创享家”项目，这对于 B 机构而言，是一个拓展组织业务的绝佳机会。正如该机构在 F 市分支机构的负责人所言：

“我们与 Q 机构一样，是 H 街道引进的第一批社工机构。我们机构最先于 2009 年在 Z 市注册，H 街道党委经过多次考察交流，认为我们机构还可以，因此决定同我们理事长一起研发‘企业创享家’项目，我们当时也是想把机构的服务领域继续扩大，因此，经过无数次的思考与设计，才有今天的‘企业创享家’，可以说理事长和当时街道的负责人是倾注了大量心血的。”（访谈编号：2016062005）

由于基层政府与社会组织的目标一致，因此双方均具有做好项目的强激励。“企业创享家”由主题中心的建设到项目的正式启动及运营，政府与社会组织相互配合，注重服务质量与服务影响力，较好地建立了服务基本框架。

（二）资源依赖程度：强绩效依赖和强专业性依赖下的强控制

权力不均衡下的资源依赖与相互依存下的资源依赖对组织间的行动策略会产生影响①。基层政府与社会组织由于资源依赖程度的变化而改变了双方的行动策略。政府对社会组织的绩效依赖和专业性依赖均较强，这使政府在双方权力关系中处于劣势地位，因而加强对社会组织的控制；社会组织依靠项目获得较强的合法性和持续的资金支持，这使其拥有了更多反控制政府的筹码，具体而言：

一方面，由于B机构开展的企业社会服务是街道整个社会治理创新中的亮点，为了避免不确定性和政绩风险，政府不愿轻易更换项目承接方。因此虽然该服务项目一年一投标，但B机构连续多年中标，这是因为在H街道能够开展企业社工服务的机构中，B机构的专业性最强，这也导致政府对B机构的强专业性依赖。

“B机构现在已经发展四年了，他们在各方面的衔接上算是很不错了，资源网络也已经初步成型。就目前社工行业来说，整个行业总体在初步发展阶段，所以你要想招募企业社工服务的人可能都招不到。这个领域太新了，而且如果换作其他人，服务对象要重新建立不说，就是机构的专业性未必有他们机构强。所以当时项目开始时我就跟他们说了，你们就好好做，做到第十年，你们就肯定是老前辈了，因此，经过四五年的摸索与发展，B机构目前算是很不错了，其他机构没有经过项目从无到有的过程，

① Casciaro, T. and Piskorsk, M. J., Power Imbalance, Mutual Dependence, and Constraint Absorption: A Closer Look at Resource Dependence Theory. Administrative Science Quarterly, 2005, 50 (2): 167 - 199.

专业性上还不如B机构。”（访谈编号：2016070601；访谈对象：H街道经济促进局工作人员）

“我们机构的优势就是体现在团队组建能根据各项目进行调整，符合多元化需求，还有就是注重专项服务发展，积极打造服务品牌。”（访谈编号：2017020501；访谈对象：B社工中心项目负责人）

而社会服务多为软性服务，难以事先准确界定服务标准，需要不断调整具体的服务内容和标准，这使政府不断承受项目调整的潜在风险。创新型社会服务项目作为政府创新社会管理的重要抓手，政府对项目的绩效依赖也加强。

另一方面，社会组织通过项目获得了较强的合法性和持续的资金支持，并拓展了自身的服务领域，在与政府合作的过程中也逐渐强大起来。B机构在与H街道共同设计“企业创享家”项目中，不仅获得了政府的信任、持续的资金保障，而且拓展了自身的服务领域，成为H街道从事企业社会服务专业性最强的机构。

“我们机构为承接N区项目，我们就在F市建立了分支机构，但是我们之前擅长的是农村社区服务，所以对企业服务我们也是在摸索，但因为企业服务在全国来说也是全新的，尤其是在都市型工业园区进行企业服务就更是没有可以案例可参考了。当时我们的社工去香港学习好几次，但香港也并没有直接服务企业的社工服务，所以几年做下来，我们即使做得不够好，也是先创。经过3年的提炼，我们提出了一个‘双社区融入’的服务理念，就是既要关注职工工作场所的融入也要关注企业人生活社区的融入。”（访谈编号：2016062005；访谈对象：B社工机构负责人）

B机构在“企业创享家”项目中提炼出“创”“企”“行”三大服务品牌，以“关注企业、关爱人”为项目宗旨，不仅将企业服务开拓为机构的五大服务领域之一，也使机构的社会合法性不断加强，项目所在的H工业园区对B机构的认可度也逐步提升。这加强了B机构与H街道在权力配置中的优势地位，因此，B机构在面对基层政府不断提高服务标准和要求的压力下开始实施如前文所述的“敲竹杠”式的“反控制”。

组织间的“敲竹杠”问题来源于契约的不完全。在更多情况下，组织之间的契约是一种关系契约，要解决契约中的“敲竹杠”问题，处于资源依赖劣势的一方必须通过合同规则来减少对另一方的依赖①。因此，面对社会组织的“反控制”策略，政府积极改变行动策略，运用“通过合同的控制”行为逻辑来减少对机构的专业性依赖。

（三）监管嵌入性：强政治嵌入和强结构嵌入下的强控制

在创新型社会服务项目中，政府对社会组织的监管嵌入性再次发生变化。与探索型社会服务项目不同，在此类项目中，政府加强了监管的政治嵌入和结构嵌入。基层政府将自身意志嵌入社会服务项目，对社会组织及项目落实进行过程式监管；与社会组织合作运营项目，实施结构式嵌入，并加强对社会组织的控制。具体而言：

一是在项目的运行中，政府在开展企业社会服务的同时也潜在地嵌入政治意图。“企业创享家”项目的开展就是政府意志隐性嵌入和创新社会服务的结果。政府始终将“留住企业、留住人才以稳定 GDP”的意志贯穿于服务始终，对项目发展方向严格把控，体现为较强的政治嵌入，导致政府的控制力度也较强。“企业创享家”主题中心位于 H 街道 H 工业园区，该园区是新型的都市型产业园区，进驻的企业以中、小、微型企业为主，领域涵盖电子信息、IT 网络、精密制造、低碳经济、新能源、新材料、生物科技、节能环保、文化创意、科技创新、现代服务业等类型的企业及新兴产业和总部型企业、跨国集团、上市公司分支机构等。目前园区进驻 3 家主板上市企业、22 家国家高新技术企业、242 家都市型企业，工程技术中心 2 个，公共服务平台及重点科研及产学研项目 7 个；园区现有企业员工约 10000 人，其中 7000 多名具有大专以上学历②。该园区是 H 街道重要的经济实体，因此，企业服务的开展主要是为了留住企业和高端人才。

“H 科技城是新型都市型工业园区，是工业 2.0 的新型工业载体，当时主要是以商企协会来服务企业，但其实主要也是几个热心企业的领导或

---

① 刘凤芹、王姚瑶：“声誉机制与默认合约：一个‘敲竹杠’治理方案的实证比较”，《社会科学战线》2013 年第 11 期，第 55 - 59 页。

② 《F 市 N 区 H 街道政府采购招标文件》，采购编号：GCJD2016099 - 0542，项目名称：《关爱 H 城企业创享家服务（2016 - 2018）》，2016 年 6 月。

者老板在做。H 科技园区的主要任务是招商，当时大家几个主体的目标和需求其实都是不一样的，所以就想出说服务企业的高管，当时的园区是比较偏的，其实是留不住企业的，三年前比现在还要偏，现在还是要好多了。所以当时就是想留住企业，看看如何去帮助他们适应本地生活，扩大交友圈、生活技能、职场技能培训。所以就围绕这样的方式去运作这个活动，当然最终还不是为了发展经济嘛。”（访谈编号：2016070601；访谈对象：H 街道经济促进局工作人员）

二是在强政治嵌入的情况下，政府对社会组织的嵌入式监管也具有强结构嵌入的特点。由于“企业创享家”项目具有“亮点”作用，在服务过程中，政府的监管是过程式且是嵌入式的。每个主题中心的服务运营都由政府建立的社工中心与社工机构协同推进，社工机构几乎成为社工中心的“运营部”，监管的结构嵌入较强。

“我们七大主题中心有四个主题中心都是由我们社工中心统筹，也都采取同样的管理办法。如果我们直接统筹的，工作人员就是由我们社工中心派过去的，是我们社工中心的编制人员。我们统筹部的人员要挂钩他们的项目，就是定期定点去参与他们的活动、参与他们的高层讨论会、监看他们的年度计划和项目经费的使用情况等。比如企业创享家就是由我们直接统筹，我们成立了管委会，园区、社工机构、商企协会、社工中心工作人员都是管委会的主要成员，不能让机构一家独大，我们社工中心派过去的人就是主要负责监管。”（访谈编号：2015111701；访谈对象：H 街道社工中心某社工）

三是在政府强政治嵌入与结构嵌入的强控制下，社会组织开始利用这种监管的嵌入性而获取自己的合法性和资源，并对政府展开反控制。一方面，社会组织通过政府的政治性嵌入和对项目的重视程度，积极获取合法性，由此而拓展组织的服务业务并获得专业合法性。“企业创享家”服务项目中，因政府对项目的重视程度较高且目的是“留住企业、留住人才”，所以 B 机构才能通过项目扩展自身的服务项目并得到政府的认可。

“H 街道是一个经济发展非常不错的地方，各类企业众多，政府对人才的流动性也足够重视，如何能留住人才对 H 街道而言非常重要，我们也希望通过项目为园区服务，协助企业履行社会责任，由此来加强企业和企业人才对 H 街道的归属感。”（访谈编号：2016062005；访谈对象：B 社工机构机构负责人）

“政府对其的投入程度和重视程度都较高，无论是硬件配套、资源投放、项目宣传、品牌塑造、服务规划等方面都会相对其他项目有更大的投入。”（访谈编号：2017020501；访谈对象：B 社工机构项目负责人）

另一方面，机构通过政府的结构性嵌入获得更多资源，虽然“企业创享家”由社工机构、H 科技城园区管理方、商企协会、社工中心等多个组织进驻，但这也给 B 机构建立资源网络搭建了一定的平台。面对作为政府代理人的“社工中心”的嵌入式监管，B 机构可以通过链接多方资源而完成项目。这为机构最终对政府展开反控制提供了一定条件。如 B 机构可以通过为商企协会搭建服务平台而获得商企协会的资源链接和支持，也可通过与园区企业合作而获得园区管理方的信任，从而协助其开展企业走访等，更可以通过与职能部门的合作而争取到部门的支持。

“我以前对机构的建议就是加强宣传、网络搭建和外援建设，尤其争取是商企协会的支持。因为以前商企协会也需要做很多活动，现在他们就找到了服务平台；政府有些任务或者活动需要商企协会协助的，机构就能很好地对接起来；以前就通过我们职能部门衔接，现在机构自己就可以衔接好。机构的网络已经搭建起来，这对他们的发展也是有好处的。”（访谈编号：2016070601；访谈对象：H 街道经济促进局工作人员）

第三节　科层嵌入市场的政府与社会组织行为逻辑

社会服务项目制是各级政府职能转移的产物，也是自上而下开展公共服务的重要方式。因此，基层政府的社会服务建设往往会涉及多层级政府部门，这进一步改变了基层政府与社会组织之间的关系。针对上级指定的社会服务项目，基层政府与社会组织的行动策略开始发生变化。由于项目涉及多层级政府甚至多个部门之间的协调与配合，而各方之间均有各自的目标，这导致项目执行过程中目标的不一致性，并影响了基层政府与社会组织之间的激励程度。而基层政府对社会组织的资源依赖并不强，因此在与社会组织之间的权力配置关系中处于优势位置，这使政府减少了对社会组织的控制。由于项目是由上级政府自上而下推行，项目体现更多的是上级政府的意志，基层政府仅负责实际落实，这使后者对社会组织的监管嵌入性较差，因此，社会服务项目呈现出弱激励、弱控制的特点。而社会组织既要对基层政府负责，也要对上级政府负责，基层政府与社会组织之间的力量对比也逐渐发生变化，二者更多的是结成联盟。其中基层政府采用“通过合谋的合作”策略以获得自主性，社会组织则通过“配合”与“共谋”实现自身的目标。

在F市，不少社会治理创新项目由街道开始，被上一级政府（区政府）吸纳，然后自上而下予以推广。H街道推行社会服务项目初期，通过运动式的资源整合与动员机制促进职能部门开展社会服务项目制，其中与“关爱基金”合作最多的部门便是工会、团委和妇联等群团组织，这是因为群团组织更希望通过与社会组织合作来有效提升自己的社会影响力①。“关爱H城”社会服务项目中，街道妇联与“关爱基金”合作开展以妇女儿童和家庭类社会工作为主的“社区融爱家庭服务中心”项目；团委借助“H街道义务工作者联合会”与“关爱基金”合作开展志愿服务活动；街道总工会通过与“关爱基金”合作开展旨在服务企业员工的“职工·家”项目。这些项目大都由N区政府相应部门自上而下推广，H街道在项目开展中以配合为主，主动性较差，且对项目的控制力度较弱，承接该类项目的社会组织往往需要接受双重考核。此类服务项目在整个“关爱H城”建设中占有较大比例，因此，作为具有组织自主性的基层政府与社会组织在项目实施中的行动策略均发生了变化。

---

① 黄晓春、嵇欣：“非协同治理与策略性应对——社会组织自主性研究的一个理论框架”，《社会学研究》2014年第6期，第98－123页。

一、政府行动策略："通过合谋的合作"

在上下级政府间项目运行中，基层政府处于"条条"的部门经常与"块块"本级政府共谋，以实现对上级政府的反控制并为本级部门谋取利益①。社会服务领域项目制中因为有社会组织的加入，因此项目主体间的关系比上下级政府间项目制更为复杂。在与上级政府共同推行的服务项目中，基层政府不仅要处理与上级政府的关系，还要应对承接服务项目的社会组织，这加强了主体之间的复杂互动关系。而由上级政府自上而下推行的服务项目，往往代表的是上级政府的意志，基层政府在此类服务项目中的积极性和主动性均较差。因此，为了加强组织自主性，基层政府通过与社会组织进行合谋，表现出"通过合谋的合作"特点。

如前所述，H 街道群团组织积极与"关爱基金"合作，以落实上级对口部门自上而下推行的项目。其中，"职工·家"项目就是一个典型。H 街道"职工·家"建设始于 2012 年 11 月，以 H 街道 H 科技园区"职工·家"为起点，到 2013 年年底，"职工·家"项目开始在 H 街道全面开展，由区总工会主导实施，以"服务职工、关爱互助、发展共赢"为原则，将"职工·家"打造成为具有空间、文化和感情认同的"家"，以关注企业职工的个人发展、家庭关系和社会支持三方面为主要抓手，丰富职工业余生活、促进职工全面发展②。为此 N 区总工会成立了创建"职工·家"服务中心领导小组，由区总工会主席任领导小组组长，各镇街总工会一把手组成领导小组成员，专门负责"职工·家"建设工作。H 街道应上级总工会要求，成立 4 个"职工·家"（其中镇街级 1 家，工业园级 2 家，社区级 1 家），并与 H 街道关爱基金合作，共同出资引入社工机构。上级政府对项目的大力推行，减少了基层政府对项目的控制力度。在此类项目中，基层政府对项目的主动性有所下降，并通过合谋的方式与社会组织进

---

① 李元珍："对抗、协作与共谋：条块关系的复杂互动"，《广东社会科学》2015 年第 6 期，第 201－210 页。

② N 区招标文件：《职工·家企业员工服务计划服务项目需求》，2015 年 11 月。

行合作，具体表现为：

（一）项目招标中的倾向性选择

在与上级政府共同推进的服务项目中，基层政府为提高组织自主性，往往在招标过程中积极物色自身中意的社会组织。D社区“职工·家”项目是H街道社区级“职工·家”项目，项目经费为一年30万元，上一周期服务项目由X社工机构承接。但该项目在新的招标过程中，基层政府希望项目由擅长从事企业服务的B机构承接，由此H街道的4个“职工·家”项目便由同一个机构承接。基层政府认为，“职工·家”项目由同一个机构承接的好处便是可以对街道各个“职工·家”项目进行统筹并实现资源之间的联动。因此，在项目招标中，B机构如愿中标，H街道也借此机会提出了自己的要求：即在新项目周期中，B机构需要配合H街道从事一些部门职能工作，并明确要求其中一个社工兼顾项目与街道总工会的工作。

“目前B机构正式进驻‘职工·家’，新项目周期的人员安排上进行了一定调整：项目共配备3名专业社工。其中两名社工作为全职社工，第三名社工作为兼职社工。这位兼职的社工需要有一半时间在项目，另一半时间在街道总工会负责各个‘职工·家’的联动，以及H街道所有‘职工·家’微信号的编写和发布。”（访谈编号：2016072801；访谈对象：H街道社工中心某社工）

（二）项目执行中的合同外约束

项目招标中的倾向性选择致使基层政府对项目承接方的要求和约束也逐渐增多。D社区为H街道外来务工人员聚集的社区，社区居民大部分均是H街道各中小企业职工，该社区“职工·家”项目旨在创建社区外来人口及其家庭互助成长平台，协助外来人员更好地处理个人成长、子女教育、社区融入等方面的问题，提升其对社区的认同感和归属感。社区党委、社区工联会对项目的重视程度非常高，正如H街道总工会某负责人所言：

“D社区那里主要是出租屋比较多，它那里厂房也较多，因此外来务工人员也多。外来务工人员一旦较多，那子女也就比较多，所以，我们这

个‘职工·家’就必须突出特色，这对整个关爱来说意义重大。”（访谈编号：2016070501）

街道总工会为此要求新项目承接方能在项目指标之外配合D社区工联会或者社区党委进行党建、计生、工会等各方面的活动。

“街道总工会J姐（总工会负责人之一）要求，机构必须完成除项目指标外的社区居委或者工联会的活动。”（访谈编号：2016072801；访谈对象：H街道社工中心某社工）

此外，街道总工会实施合同外约束的另一重要表现是要求社工机构在向区级工会递交材料前（包括微信公众号等），需先期接受街道总工会的审核。街道总工会一方面加大对自己中意的社工机构的扶持力度，另一方面又利用合同外约束来与社会组织合作，实质上是一种“通过合谋的合作”行动策略。

二、社会组织应对策略：“配合”与“共谋”

在上下级政府共同推进的社会服务项目中，社会组织需要与多层级政府同时合作。而往往各层级政府对社会组织的要求并不一致，这使社会组织必须找寻对自己最为有利的合作对象。面对基层政府“通过合谋的合作”策略，社会组织积极配合，由此来获得更多项目外资源以实现组织目标。具体而言，主要体现在以下几个方面：

一是积极配合基层政府的“合同外约束”，以此获得基层政府的信赖和支持。H街道“职工·家”项目是街道总工会与“关爱基金”合作的重点项目，各个“职工·家”所服务的对象不同，因而需求也不太一样。如H工业园区的“职工·家”项目的服务对象均为大专以上高新技术企业员工，而D社区“职工·家”的服务对象为工厂工人，但在面对基层政府“合同外约束”的问题上，各个“职工·家”并无差异。因此，各“职工·家”所采取的行动策略也大致相同，即通过积极配合基层政府的“合谋”策略来获得服务使用单位的支持。

“他们付出的比较多，承担了比较多的工联会工作任务。例如，工会要搞‘职工·家’的评选验收，他们就配合‘职工·家’通过F市‘职工·家’的实地验收。工会妇联党支部有什么活动都会放到‘职工·家’这个载体里面去开展，他们社工也就接受这些工作并努力配合。他们确实付出了，所以双方的关系也就比较好。”（访谈编号：2016071401；访谈对象：H街道社工中心某社工）

二是通过“配合”获得项目外资源。以D社区“职工·家”项目为例，新的项目周期中，面对机构的积极配合，D社区居委承诺可以给机构提供一定的治安保障和资金支持。如机构需要除周一至周五正常上班之外，周六日也安排社工值班，并配合居委会进行需求调研。为此，社会居委会可以为机构提供治安支持，若社工晚上值班，居委会安排治安队巡逻，保证社工安全。在社区居委会积极配合D社区“职工·家”进行场式更新和配套的同时，社区工联会也积极为B机构提供额外资金，以促进项目的正常运转。D社区内有一个天台农场，且申请了专项资金，社区工联会为此向社工机构保证，只要机构成功进驻“职工·家”，他们便会为社工机构提供额外的资金。

三是通过招募实习生弥补专业人员短缺问题。为解决迎合基层政府“合同外约束”后的人员短缺问题，社工机构积极招募社工专业实习生。而基层政府对此也采取默许的态度。D社区“职工·家”项目中因有一名社工在街道总工会兼职，造成项目人员短缺问题，为此应配备3名专职社工的服务项目，机构积极招募了4名实习生以维持项目运转。H工业园区的“职工·家”项目也存在类似情况，因该项目负责人下半年将休产假，故在项目负责人休假之前，集中完成了大部分服务指标，并于暑假期间招募2名实习生以完成剩余项目指标。面对社会组织压缩指标且招募实习生弥补项目人员短缺的问题，基层政府也采取了默许的态度：

“按照现在我们的评估体系，这样做是可以的。因为现在只看指标是否完成，而不是看指标是否合理的完成。反正最后把活动较为细致地做完，到评估的时候也难以断定是否很好地完成。评估专家也就是看是否完成指标数量。而且可能超前完成指标还比较合理啦，他们这样压指标也说明他们比较有计划，知道要休产假，把工作提前做完了，计划总比不计划

要好。”（访谈编号：2016071401；访谈对象：H 街道社工中心社工）

三、对双方行为的解释：弱激励、弱控制下的科层嵌入市场逻辑

通过以上分析可以得知，在上下级共同推进的服务项目中，基层政府与社会组织各自的行为逻辑发生了变化。基层政府通过“合谋”的方式与社会组织进行合作，社会组织通过“配合”政府的“合同外约束”以获得更多的资源，这体现出一种科层嵌入市场的逻辑。这缘于在此类社会服务项目中的激励与控制程度在发生变化。从激励程度来看，上下级共同推进的社会服务项目中，基层政府与上级政府（区政府）之间存在目标不一致性，社会组织与上级政府也存在目标不一致性，这造成了二者的弱激励性；从控制程度看，基层政府对社会组织的专业性依赖与绩效依赖均较低，这降低了政府对社会组织的控制力度，但社会组织对基层政府的资源依赖程度也较为有限，这使双方之间具有合作的可能；且基层政府对社会组织的监管嵌入性在此项目中也呈现出弱结构嵌入和弱政治嵌入的特点，同样降低了政府对社会组织的控制力度。在弱激励、弱行政控制的作用下，基层政府不得不加强与社会组织“合谋”，力图削弱上级工会的控制，而社会组织也因此获得了服务使用单位的积极支持。

（一）目标一致性：各项目参与方目标的不一致导致弱激励

组织间的强目标一致性会使组织双方受到强激励而加强合作，当组织间的目标发生变化时，这种激励程度也会发生变化。上下级政府共同推进的项目中，基层政府仅负责落实上级政府意志，具有组织自主性的基层政府与上级政府的目标产生不一致；社会组织负责项目的具体执行，且如果各层级政府均进行社会服务外包，那么承接项目的社会组织将面临更为复杂的主体间关系而产生目标不一致。此时，基层政府与社会组织所受的激励也会大打折扣，因而会改变双方的合作关系。本属于 H 街道的政绩亮点一旦被上级政府自上而下推行，基层政府和相关服务承接机构的积极性就会大打折扣。

从基层政府角度而言，H 工业园“职工·家”项目最早在 2013 年由

H街道在“企业创享家”项目中研发而成，但随后该项创新被吸纳到区总工会，并自上而下推行。H街道应上级总工会要求，积极筹建街道其他几家“职工·家”，并将H工业园“职工·家”独立于“企业创享家”，成为H街道第一个独立建设的园区级“职工·家”。然而，H街道总工会与上级总工会的目标并不一致。2015年，区总工会要求各镇街“职工·家”需要按照同样的标准进行建设，以突出N区“职工·家”的总体特色；而街道总工会则希望尽力在“职工·家”建设过程中突出自身特点。

“N区关于‘职工·家’建设也做了一套评估指标体系，就是规定N区‘职工·家’一定要提供哪些服务，各个镇街的标准均一样。但后来我跟他们（N区总工会）提了建议，我说你不能这样考核一个‘职工·家’的服务，地方不同，人群的需求根本就不同。D镇跟我H街道的职工的素质根本就不能相提并论，他们的需求也是不一样的。我们这里是都市型产业员工，而D镇大部分为一线员工，所以层次根本就是不一样的。因此，我们的‘职工·家’一定要突出H街道的特色，满足本地职工的需求。”（访谈编号：2016071402；访谈对象：H街道总工会主席）

从社会组织的角度来看，社会组织承接社会服务项目一方面是为了获得项目资金，以实现机构的持续运转；另一方面也是为了通过服务来提升组织专业性。但在上下级政府共同推进的服务项目中，社会组织的目标受到了挑战。B机构通过竞标获得了H街道3个“职工·家”项目的执行权，但由于该项目是由N区总工会自上而下推动的，且将N区内所有镇街“职工·家”的统筹和管理以项目形式打包给了另一个社工机构，这就意味着B机构要面对承接了区级“职工·家”项目的社工机构同行的验收。对此，B机构项目负责人深表不满：

“从2015年开始，我们就面临多重评估的问题。评估上我们面临两套标准，一是区总工会‘职工·家’建设的标准，二是街道“关爱H城”建设的标准。我们每个月要交双重的月报，而且我们的评估资料是要交给执行区级项目的机构来审核，因此审核是承接区级项目的机构而非我们服务的购买方。大家都是同行，我们要将我们机构服务的内部资料交给另一个做同样类型服务的机构审核，我们心里感觉非常不平衡。”（访谈编号：2016081102）。

由此可以看出，基层政府与上级政府的目标存在差异，社会组织的目标也因上级政府对项目的推行而受到了影响，这共同挫伤了基层政府和社工机构的积极性，促使两者结盟对付上级政府。

（二）资源依赖度：低专业性依赖与项目绩效依赖导致弱控制

如前所述，基层政府与社会组织会由于资源依赖程度的变化而改变双方的行动策略。在上下级政府共同推进的服务项目中，政府对社会组织的绩效依赖和专业性依赖均较低，这使政府在权力关系中处于优势地位，因而减弱了对社会组织的控制；社会组织因为项目参与方的增多而降低了对政府的资金依赖和合法性依赖，这增强了社会组织与基层政府进行“共谋”而非“被吸纳”的能力。具体而言：

第一，基层政府在项目实施中的控制力较低，这缘于两个方面：一是政府对社工机构的专业性依赖较低，承接该项目的社工机构并非无可替代。承接 D 社区“职工・家”项目的 X 社工机构在新的项目中并未获得项目执行权，而是被 B 机构所取代。这是因为 D 社区“职工・家”项目的服务对象为企业职工及其子女，这对大部分从事社区服务的机构而言，均为较擅长的服务领域，因此，基层政府对社会组织专业性依赖并不强。二是基层政府对项目绩效依赖较低。由于此项目由 N 区政府自上而下推行，H 街道只负责执行，除非项目能突出街道特色，否则项目绩效对街道而言并不强。2015 年，“职工・家”项目由 N 区总工会以统一标准层层下达之后，H 街道对项目的绩效依赖也因此而降低。

第二，社工机构对 H 街道的资源依赖度也较低。“职工・家”项目由街道“关爱基金”与街道总工会共同出资。但因为项目由 N 区总工会自上而下推行，因此，基层政府并非项目的唯一出资方。“职工・家”在建设初期，N 区总工会专门设立“家 FUN 基金”，首期出资 200 万元，此后积极争取政府财政支持和社会筹资，每年初从上一年度会费中提取 10% 作为基金的补充，并以项目资助的形式接受各“职工・家”服务中心特色服务项目申请，每年三月接受项目申请，经审核通过的项目可获基金资助并受基金监管；建立“职工·家”服务中心创建工作激励机制，在规定时间内完成建设并投入使用的各镇街“职工·家”，经验收合格后给予5万—10万元的启动资金①。除此之外，项目活动过程中，社工机构也会积极争取各方面的支持而获得多源资金，以H工业园区的“职工·家”项目为例，“关爱基金”并非社工机构服务开展的唯一资金来源。

“关爱基金的经费其实是不太够的，街道的标准是一个社工一年配备10万元，其中包括人员经费和服务经费，这样30万元的项目意味着至少需要配备3名社工，那么对‘职工·家’项目而言，30万元的项目经费中活动经费实际上就比较少，资金支持实际上是不足的，比如我们项目的品牌活动之一‘爱·回家’，一场晚会就需要1万多2万块，那我们只依靠项目经费肯定是不够的，且按照‘关爱基金’服务标准肯定不可能有这么高，可能只有两三千这样子，那这样就必须通过调动宣传文体办、文化站等职能部门参与，或者争取工业园区党委或园区工联会的经费支持，没有他们我们肯定做不起来。”（访谈编号：2016081102；访谈对象：B社工机构项目负责人）

基层政府与社会组织之间彼此的资源依赖程度均较低，导致H街道的控制力度也较低，这使二者采取“合谋”的方式加强对上级政府的反控制。

（三）监管嵌入性：低结构嵌入和低政治嵌入导致弱控制

政府监管力度随项目的变化而发生变化，在上下级共同推进的服务项目中，政府对社会组织监管的政治嵌入和结构嵌入均比较低。H街道总工会在项目监管中难以对项目进行政治嵌入和结构嵌入，这降低了基层政府的控制力度；面对基层政府的弱控制，社会组织也积极改变行动策略，提升组织自主性。

一方面，由于承接服务的社工机构得到了双重资助，因此，在考核过程中，社工机构也面临两套考核标准。一是代表基层政府意志的“关爱基金”的考核，二是代表上级政府意志的区总工会的考核。社工机构需要向

---

① 数据来源：F市N区总工会：《N区总工会推进“职工·家”服务中心创建工作实施方案》（南工字〔2012〕60号），2012年11月。

双方提交项目执行进度表等相关考核资料，并以区总工会规定的指标为主要的考核依据，“关爱基金”考核标准偏向于技术性的考核且H街道“关爱基金”在本项目中的资助只能用于人员经费，不能用于活动经费，这使H街道难以将自身意志嵌入项目执行和监督中。

另一方面，上级政府通过服务外包而直接对接各镇街“职工·家”，削弱了镇街对本级“职工·家”的控制，从而也降低了基层政府对社会组织的结构性嵌入。H街道共建设了4个“职工·家”，其中3个“职工·家”均由街道总工会管理。但2015年，区总工会出台N区“职工·家”建设标准，要求各个镇街“职工·家”执行机构直接向承接区级服务的社工机构递交汇报材料，这降低了街道对社工机构进行结构嵌入的可能性。这样，H街道对社工机构的控制力被削弱了。

“街道总工会要求各个‘职工·家’在向上级递交材料（包括微信等）的时候，接受街道工会的审核。因为之前N区‘职工·家’关于建设标准的材料需要各镇街‘职工·家’讨论，N区工会直接向承接区级服务的社工机构下发通知，有什么要通知各镇街‘职工·家’的，也是这个机构直接对接之前我们H街道‘职工·家’的X机构或者B机构，那如果这样的话，街道总工会就是对上级的通知一点都不知情，所以街道总工会J姐就要求不管机构向区级政府递交任何材料都要向他们汇报和审核。”（访谈编号：2016072801；访谈对象：H街道社工中心某社工）

因此，为了改变项目运行中的控制力度，基层政府联合社会组织积极反控制上级政府，要求D社区“职工·家”项目的执行方兼职H街道总工会部分职能工作，并负责整个H街道“职工·家”微信公众号的运营与管理，以此来提高基层政府在整个项目运行中的把控力度。而社工机构也为了避免同行对机构内部资料的直接审核而加强同基层政府的合作，通过嵌入基层政府来获得更多的庇护和资源。

第四节　科层导向的政府与社会组织行为逻辑

在社会发育不良的情况下，大量具有官方背景的社会组织承接了社会服务项目，其最主要的目的是通过承接服务而解决体制内政府人员紧缺的问题。在这一目标的左右下，基层政府与社会组织又一次改变了行动策略。这是由于项目运行中的激励和控制程度发生了变化：从目标一致性来看，这些服务项目大多涉及综治维稳等领域，基层政府的目标是缓解体制内人员编制不足的压力，具有“官方背景”的社会组织也只是为了“分一杯羹”，双方目标存在不一致性，政府对社会组织也没有实施强有力的激励。从控制程度来看，政府对社会组织的项目绩效依赖比较高，政府有通过控制来改变自身不利地位的动力；在此类项目中，政府将社会组织直接纳入体制的一部分，且项目监管中将综治维稳的意志贯彻于项目始终，监管的嵌入性强。社会服务项目弱激励、强控制的特点使基层政府通过吸纳来控制社会组织，是一种“通过吸纳的控制”，而社会组织通过“自愿被控”与“主动受嵌”获取资源，双方呈现出科层导向的行为逻辑。

H 街道通过社会服务项目制创新社会治理，其中部分服务项目涉及综治维稳领域。由于此类社会服务项目具有特殊属性，导致基层政府在与社会组织进行合作的过程中格外谨慎，对承接服务的社会组织需要进行全方位考察和把控。具有官方背景的社工机构顺势成为政府信赖和支持的服务承接方。以 H 街道创新社区矫正项目为例，服务对象的特殊性导致项目从 2011 年以来从未更换过执行单位。为了更好地监控项目发展方向，此类社会服务项目中，基层政府不在乎服务的专业性，而在乎关注项目是否解决了体制内人员短缺的问题；不关注项目目标，而在乎项目是否完成了部门职能任务；不在乎与社会组织是否平等合作，而在乎项目人员是否处于可控的状态。面对基层政府的吸纳策略，此类社会组织积极配合以获取持续的项目经费；通过“主动受嵌”进行项目打包；通过完成职能工作以获得组织合法性。

一、政府行动策略："通过吸纳的控制"

我国政府购买公共服务项目向来被诟病的便是弱竞争性、非竞争性或定向购买形式大量存在①。虽然竞争性未必一定带来合同外包的高效率②，但弱竞争性对社会组织的生存与发展一定会产生消极影响。单一采购便是造成这种弱竞争性的原因之一。在社会力量没有壮大、政府购买社会服务还未成为公共服务供给的主要方式之前，定向购买成为创新社会治理的重要手段。此时能够承接政府服务项目的社会组织大多具有官方背景，合同的签订大多是一种"关系契约"，基层政府通过直接购买某个社会组织的服务而改变行政化的服务供给。随着政府购买社会服务项目的增加以及相关法律法规的不断完善，单一采购式的社会服务供给逐渐由竞争性的招投标形式所取代。但事实上，这种看似竞争性的公共服务供给模式并未真正实现。尤其是在综治维稳领域，基层政府对项目的重视程度非常高，看似增量型的社会服务供给实际上体现出行政化供给的特点。

H 街道社会服务建设初期，定向委托购买社会服务项目的现象较普遍。其中涉及社区矫正工作的服务项目在早期便是由街道司法所向 Y 机构直接购买的。为解决社区矫正工作力量不足的问题，街道司法所积极借助行政部门资源，动员基层社区力量，街道开始通过政府购买社会服务项目的方式建立社区矫正专业服务队伍。2011 年以来，H 街道司法所便开始积极与社会力量合作，出色完成社区矫正工作。2012 年，为进一步推进社区矫正工作，街道司法所与"关爱基金"合作，共同推出"风信子"项目。该项目主要是通过对 H 街道辖区内的社区矫正人员进行个案辅导、小组辅导和开展社区志愿者服务等活动，实现预防犯罪和矫正不良行为方式及犯

---

① 王浦劬：《政府向社会组织购买公共服务研究：中国与全球经验分析》，北京大学出版社 2010 年版，第 64 – 66 页。

② 龙丽宁："从垄断走向非竞争性合同外包的公共安全供给——以上海浦东为例"，《中国人民公安大学学报》（社会科学版）2010 年第 5 期，第 99 – 106 页。

罪心理相结合，降低再次违法犯罪概率，引导社区矫正人员走出心理困境、恢复社会功能，回馈社会并实现自我价值[①]。但在项目运行过程中，基层政府的行为逻辑呈现出“通过吸纳的控制”特点。

一是项目立项中的定向委托和单一购买。在社区矫正项目开始之初，H 街道便开始同社会力量合作，在组建社区矫正工作者队伍、社区矫正志愿者队伍的基础上，还直接聘请 Y 心理咨询中心参与社区矫正工作。Y 心理咨询中心拥有 20 多位国家高级心理咨询师，H 街道司法所积极与其合作，利用其专业力量开展心理评估、心理干预、心理治疗等社区矫正活动。从 2011 年至 2016 年，司法所定向委托该机构从事社区矫正项目的辅助工作，本质上是一种单一购买形式。

与此同时，2011 年以后，创新社会治理、转移政府职能的“关爱 H 城”建设进入制度化阶段，社会服务项目需要突出服务的社会性和公益性，以协助社区矫正服务的“风信子”项目出台，这要求项目承接方必须为民办非企业性质的社工机构或者社会团体。该项目作为“关爱基金”资助的专业型服务项目，需要通过正式的招投标方式确定项目的承接方。但对基层政府而言，原从事社区矫正工作的 Y 中心顺理成章地成为“最佳候选”。为此，本为企业性质的 Y 心理咨询公司于 2012 年在 F 市注册为 F 市心理咨询服务中心，顺利承接“H 街道社区矫正服务‘风信子’行动”服务项目。

二是项目实施以完成职能部门任务代替项目的专业性任务。基层政府通过引入社会力量参与社区矫正工作，本应该关注的是如何提高服务专业性，但实际上项目的购买主要以完成职能部门工作为目标。司法所邀请 Y 心理咨询服务中心承接社区矫正项目，目标本应是利用机构专业力量开展心理评估、心理干预、心理治疗等，但实际工作中，Y 心理咨询服务中心派出 1—2 名国家心理咨询师专职协助司法所开展社区矫正人员入矫心理测试、面谈、电话回访、家访、公益劳动等社会性、教育性、服务性矫正措施，完成的却是部门职能工作。

---

① 香港社会企业总会有限公司：《F 市 N 区“关爱 H 城”社会服务项目经验总结报告》，H 街道内部资料，2015 年。

“我们司法所自己购买的项目，早先是直接向Y心理咨询公司购买，他们后来注册为民办非企业机构，这个项目里面他们会配合我们做一些社矫人员的日常管理、工作时间协助等。还有我们举办的一些警示教育，如去看守所、法院旁听啊什么的，他们都可以负责安排、进行协调；还有就是对社矫人员登记、制定个性化的矫正方案等，如进行社矫面谈等。他们起到作用还是挺大的。”（访谈编号：2016070602；访谈对象：H街道司法所工作人员）

再如，在社区矫正的辅助项目“风信子”项目中，项目目标本应该为“引导社区矫正人员走出心理困境、恢复社会功能，回馈社会并实现自我价值”，但实际却是为完成社区矫正工作的“双八管理”①，即社矫人员每月8小时学习制度和8小时志愿服务制度。项目主要是为开展志愿服务提供平台和基地。为此，“风信子”项目中的一名社工专职负责“关爱H城·创益中心”的“荒岛图书馆”，以协助社矫人员在“荒岛图书馆”开展志愿服务。

“图书馆那里也是项目中的一个专职社工，这个项目实际上主要是司法所为了完成‘双八管理’而开设的，无论是成立社矫人员志愿服务队还是进行志愿服务，其实主要是要完成社矫任务。司法所不在乎项目做得究竟怎么样，只要能完成管理任务，保证社矫人员无二次犯罪，顺利实现结矫。”（访谈编号：2016081101；访谈对象：H街道社工中心某社工）

二、社会组织应对策略：“自愿被控”与“主动受嵌”

在涉及政府综治维稳领域的服务项目中，面对基层政府科层导向的行动策略，社会组织积极应对。通过“自愿被控”和“主动受嵌”获得组织生存与发展的条件。具体而言：通过突出组织特色、提升组织专业性来增强政府的信任和支持；通过与政府部门建立联系，以拓展组织项目资源；通过配合职能部门工作，完善项目宣传获得组织的合法性。

---

① 根据《社区矫正实施办法》规定，社区矫正人员每月参加教育学习时间不少于8小时，且每月参加社区服务时间不少于8小时。

一是突出机构专业特色，增强政府对机构的信任。在社会服务项目开展初期，大量社会组织随着政府购买服务力度的加大而成立，但这些社工机构的专业性均较低。大部分社工机构没有较为突出的服务特色，导致在行业发展中不断被淘汰。Y 机构依托于 Y 心理咨询公司重新注册为民办非企业机构，大部分 Y 机构工作人员均持有心理咨询师资格证书，这使 Y 机构社工"具有心理咨询专长"，这大大提高了机构的竞争力。

"虽然我们名字注册的是心理咨询中心，不是社工中心，但是我们也有社工的元素在，社工是做实务方面工作的，但我们心理咨询是特长，我们就是用这个专业性去支持机构的发展。一般购买方知道我们的优势和背景，所以那个合作意愿是非常强的。比如，我们就是做社区矫正服务项目，我们在 S 区的项目，司法局非常认可，我们基本成为行业的领头羊。"（访谈编号：2016062102；访谈对象：Y 心理咨询服务中心某负责人）

二是利用机构的官方背景，积极与政府部门建立合作关系，以此来扩展项目资源。Y 心理咨询服务中心的前身为 F 市 Y 心理咨询公司，该公司曾与 F 市多个政府部门合作，早在 2007 年，该公司便与 F 市 C 区法院合作，成立司法志愿服务队，协助法院开展社区矫正工作；随后与 C 区检察院合作，但由于 C 区的资金持续性较差且金额较小，Y 心理咨询公司停止与 C 区政府合作，转而与 N 区 H 街道合作，最开始以商业机构的名义承接 H 街道司法所的服务项目。2012 年以后，F 市 N 区各个镇街均开始以政府购买服务的方式开展社会服务，因此，为更好承接政府社会服务项目，Y 心理咨询服务中心以民办非企业的身份重新注册，其负责人曾是法院工作人员。法院工作的背景加上多次与司法部门的合作，使 Y 机构拥有了较强的官方背景，扩展了机构的社会资源网络，这使其即便遇到基层政府的吸纳策略也"自愿被控"，从而扩展了项目资源。

三是配合检查、完善宣传。面对政府部门以部门职能工作代替项目工作的行动策略，社会组织"积极配合、主动受嵌"。如前所述，"风信子"项目是街道司法所为了完成社矫人员"双八管理"而开设的，其中"荒岛图书馆"给社矫人员提供志愿服务的平台和场所。但在基层政府的宣传中，该图书馆主要是志愿者自主管理的社区公益图书馆，并兼具"真人图书”的功能。面对基层政府的宣传策略，社会组织也积极配合：

“政府在宣传的时候一般会把它介绍成为社区公益性质的图书馆，或者是社区、学校共同传播真人图书阅读文化、传递公益理念的阵地，其实我们这里是‘风信子’项目的一部分，当然我们在服务过程中也避免给社矫人员贴标签，因此，一般我们也会按照他们说的去宣传。”（访谈编号：2016070803；访谈对象：Y心理咨询服务中心项目社工）

三、对双方行为的解释：弱激励、强控制下的科层逻辑

在政府综治维稳等社会服务项目领域，基层政府的行为逻辑明显不同于上下级政府共同推进的服务项目。在这类服务项目中，基层政府将社会组织吸纳到自身体制内以实现对项目发展方向的把控。而社会组织只能在政府划定的范围内和特定环节中进行有限参与[①]，并呈现出“自愿被控”与“主动配合”的行为特点。双方之所以呈现出以上的行为逻辑，主要缘于项目运行中的激励与控制程度再度发生变化。首先，此类项目中的基层政府的目标主要是解决体制内人员短缺问题，而社会组织主要是为了获取持续的项目资金，双方目标分离导致弱激励性；其次，基层政府对社会组织的项目绩效依赖较高，这使政府在权力分配中处于不利地位，又由于项目本身特性，导致政府对社会组织的控制程度增高；再次，政府对社会组织的监管嵌入性高，不论是政治嵌入还是结构嵌入均较高，这加强了政府对社会组织的控制力度；最后，在弱激励、强控制的情况下，政府与社会组织呈现出科层导向的行为特点，政府“通过吸纳的控制”行为逻辑使社会组织成为体制的一部分，而社会组织通过自愿配合获得持续的资金支持与合法性支持。

（一）目标一致性：目标分离导致弱激励

目标对组织行为的影响重大，组织间的目标分立会极大影响组织间的激励程度。在维稳及综治领域，基层政府引入社会服务的初衷是维持社会

① 杨宝：“治理式吸纳：社会管理创新中政社互动研究”，《经济与社会体制比较》2014年第7期，第201－209页。

稳定，降低治理风险，同时解决部门的职能工作，并实现对项目发展方向的把控；而具有官方背景的社会组织的目标是获取资源和组织合法性。双方目标不一致导致基层政府和社会组织在项目运行中的积极性均较低。双方以完成职能部门工作代替了社会服务项目的专业性，看似项目化供给社会服务项目实质上返回了行政化供给的老路。

从基层政府角度看，社区矫正项目的开展主要是为了解决职能部门人手不足的问题。社区矫正工作作为各级政府综治维稳工作的重要组成部分，政府对涉及此领域的社会服务重视程度较高，能否完成好社区矫正对实现基层稳定具有重要作用。2012 年，《社区矫正实施办法》由最高人民法院、最高人民检察院、公安部、司法部联合出台，社区矫正工作也就正式由公安机关移交至司法部门。但在此之前，部分地区已经开始实施试点。H 街道的社区矫正工作早在 2010 年就由公安机关移交到司法机关，目的是更好地利用司法机关所拥有的资源优势，以深化社区矫正服务。然而，H 街道司法所却无法向社区矫正机构提供充足的人力资源。从 2012 年至 2015 年，H 街道社区矫正机构全年在管人数从 49 人增长到 90 人，非全年在管人数由 118 人增长到 200 人①。按相关规定，每 20 名社区服刑人员配备 1 名社区矫正专职人员，但事实情况却是社区矫正人员存在严重不足。

“我们的人员流动性很大，目前专门负责社区矫正工作的只有 1 名专职人员。因为涉及执法工作，所以还是公务员编制的比较好。但编制问题在街道一级本来就很难解决，因此，我们也希望通过购买项目来解决人手不足的问题。我们在刚接手社区矫正工作时是有 30 多名社矫人员，但是当时也只有 1 名专职的司法所工作人员，而政策要求是 20 名社矫人员配备 1 名专职工作人员，当时我们就是已经超负荷了。且社矫人员的数量是在不断增加的，那你要一下子找那么多人是不可能的，所以只能依靠社会力量。”（访谈编号：2016070602；访谈对象：H 街道司法所工作人员）

因此，此类社会服务项目中，基层政府以吸纳社工机构工作人员代替与社工机构平等合作。在人手严重不足的情况下，基层政府穷于应付，谈

① 资料来源：《H 街道社区矫正采购社会服务项目内容及费用分析》，2016 年 7 月。

何项目激励呢？

从社会组织角度看，社工机构承接此类项目的主要目的是获得更大的组织生存空间，这与基层政府的目标存在不一致性。以Y心理咨询服务中心为例，该中心虽通过注册为民办非企业单位，但其机构负责人同时也是Y心理咨询公司的负责人，而注册为F市民办非企业的目的也是为了符合政策要求，顺利承接到各级政府的社会服务项目。

“主要因为Y心理公司不符合公益组织的要求，公司的性质的话它是不可以承接社会服务项目的，它是盈利性质的。如果一个公司性质的组织来承接项目，肯定它的公信力会受到质疑，所以他们必须注册一个民办非企业单位。”（访谈编号：2017020801；访谈对象：H街道社工中心某社工）

在获得合法的身份之后，Y机构也积极与各镇街合作，获得了大量的资金项目。而在管理机构的理念上，Y机构仍然延续了盈利型公司的运作逻辑。机构的主要目的是为了获得持续的项目资金并通过项目提升竞争力。正如该机构负责人对社工机构发展的建议中频频使用“企业”一词而非“民办非企业”。

“其实现在的很多社工机构都太年轻了，他们的社工大部分都是刚刚毕业的大学生，社会经验本来就不足，招标的时候也只看总部机构力量和项目标书，其实这样不行的。对于一个企业的发展来说，不应该太急功近利，需要循序渐进的，也一定要提高自己的核心竞争力。我们就是把我们的心理咨询优势和社工元素结合起来，提升我们的竞争力。以前我们和C区检察院合作项目，但后来由于它的资金持续性较差，而且最大的项目经费也就10万元左右，我们后来还是选择与H街道合作。目前H街道政府对项目支持力度还是很大的，而且持续性也较强。”（访谈编号：2016062102；访谈对象：Y心理咨询服务中心机构负责人）

由此看来，基层政府与社会组织之间的目标存在较大偏离，双方均未将项目标作为组织目标，这造成了项目运行中的弱激励，继而影响了双方的行为。

（二）资源依赖程度：强绩效依赖导致强控制

若组织所依赖的资源被另一个组织所控制，那么这个组织的自主性就会被削弱[①]，也必然会使这个组织为改善权力支配状况而加强对另一个组织的控制。涉及综治维稳领域的服务项目中，基层政府对社会组织的专业性依赖并不强，项目开展的目标是解决人员不足的问题，但基层政府对社会组织的项目绩效依赖程度却较高，这使政府必须加强控制以保证项目绩效的延续；社会组织对基层政府的资金依赖和合法性依赖均较高，这使其不得不积极配合基层政府的吸纳策略。

从基层政府角度看，基层政府对社会组织的项目绩效依赖较高，这加强了政府对社会组织的控制。2010 年，应上级政府要求，H 街道司法所从派出所接收 35 名在管社区矫正人员，H 街道社区矫正工作正式启动。2011 年，为方便组织社矫人员开展心理治疗、公益劳动、慈善活动，引导社区矫正人员积极参与社会活动，H 街道司法所与 Y 心理咨询公司合作成立“H 街道社区矫正教育基地”，该基地成为 F 市首个社区矫正专业社会服务机构，由街道以政府购买服务的方式提供日常经费，由 Y 心理咨询公司组织各项社会教育活动和心理矫治活动。同年，为便于组织社区矫正人员参加公益劳动，H 街道司法所开始筹划建立社区矫正公益劳动基地，“风信子”项目由此产生。这种方式得到了广东省司法厅的肯定，也成为 H 街道又一个治理创新的“亮点”。

“当时的社工机构还比较少，所以心理咨询中心与政府合作，尤其是合作社区矫正项目还是非常新颖的事情，当时区级还没有启动，其他市做的也都比较少。所以那时候省厅啊、其他省市的都过来学习，也算是一个创新性的东西了。”（访谈编号：2016070602；访谈对象：H 街道司法所工作人员）

“2011 年的时候，G 省司法厅来学习 H 街道社区矫正的模式，我们也是很自豪的。后来 H 街道的经验推广到其他镇街，N 区政府也在大力推，当然也要看各个镇街实际的财政能力，但是 H 街道的社区矫正已经成为‘H 城模式’了。”（访谈编号：2016062102；访谈对象：Y 心理咨询服务中心机构负责人）

---

① 原超、李妮：“地方领导小组的运作逻辑及对政府治理的影响——基于组织激励视角的分析”，《公共管理学报》2017 年第 1 期，第 27－37 页。

从社会组织来看，社会组织对基层政府的资金依赖和合法性依赖均较强。首先，能够与基层政府合作综治维稳领域服务项目的机构必然是基层政府非常信任的社会组织。Y心理咨询中心的创始人之一曾经在法院工作，且最早加入F市第一支司法志愿服务队，为预防青少年犯罪提供服务。这为Y心理咨询机构与基层政府的后期合作奠定了基础。此后，Y心理咨询公司与F市多个镇街合作，获得较多的资金支持。2007年，Y机构第一个项目便是与C区法院合作未成年人社区矫正项目，在获得资金支持的同时，也获得了合法性和专业性。

"我们当时已经在和C区法院合作社区矫正项目了，只不过那个时候我们合作的项目是未成年人青少年缓刑期帮教服务，主要是提供心理咨询，除此之外，我们也在他们就业、人际关系、团队建设上开展帮教服务，带领他们做义工，其实那个时候我们的社区矫正的服务框架已经基本展现出来了，我们已经有了社工机构的影子。只不过当时没有社工专业的理论去支撑它，但是已经是一个社工的雏形。2007年做这个项目的时候，我们还成立了首支少年义工服务队，当时香港的《文汇报》刊登的，这个成绩对我们自己来说，我们是非常骄傲的。后来，我们又与C区检察院合作，项目虽然有点不一样，但也类似帮教的服务。当时我们也帮他们拿了很多奖，包括省里的，甚至中央的，都拿了非常多的奖项，我们也由此得到了他们的认可，到现在这两个项目还一直延续着，这两个项目也成为机构的一个品牌项目。我们项目最高峰的时候，N区和C区的项目全部都是由我们接的，另外加上S区的两个镇街。因为2011年省厅来参观学习后，我们的认可度大大提升了。"（访谈编号：2016062102；访谈对象：Y心理咨询服务中心机构负责人）

（三）监管嵌入性：强政治嵌入和强结构嵌入下的强控制

监管意愿和监管能力是衡量政府对社会组织的嵌入型监管的两个重要维度，其中监管意愿又通过国家对社会组织的管理和控制强度来体现①。涉及综治维稳等领域的服务项目中，基层政府对社会服务的政治性嵌入较

① 刘鹏："从分类控制走向嵌入型监管：地方政府社会组织管理政策创新"，《中国人民大学学报》2011年第5期，第93页。

强，因此也加强了政府对社会组织的控制程度。此外，政府对社会组织的结构性嵌入较强也加强了监管力度，政府的控制力度也因而加强。社会组织积极配合政府的各项任务，以此获得组织的自主性。

第一，基层政府通过对社会服务项目的强政治嵌入实现了对项目在方向性、原则性上的监管。社区矫正项目涉及综治维稳工作，社区矫正项目的服务对象较为特殊，人员构成复杂，政府自然更不敢掉以轻心，在项目执行和监督中的政治嵌入非常强。

“司法所在服务过程中的态度非常明确，坚持避免对社矫人员贴标签，因此在以往的服务中，社矫人员开展志愿服务都需要打马赛克。他们对社矫人员的身份非常谨慎，因为这个涉及综治维稳工作的。因此，以往的‘风信子’志愿服务队，他们认为大家都很清楚这个项目的实际意图，所以就在服务过程中将这个服务队名称改为阳光志愿者服务队，这样志愿者参与活动与普通民众一样，也不用再打马赛克。”（访谈编号：2016081101；访谈对象：H 街道社工中心某社工）

第二，通过结构性嵌入实现对项目的过程式监管，加强了基层政府对社会组织的控制力度。以 H 街道社区矫正为例，该项目只是司法所为了承接公安部门移交的社区矫正而开展的项目，并通过项目来辅助部门职能工作的开展，将项目人员当成司法所的工作人员，政府对社会组织的结构嵌入较强，这加大了基层政府对社会组织的吸纳程度。

“我们司法所人手不足也是一个重要的原因，社区矫正由公安转到司法，可我们没有那么多人力去做，也不可能完成。所以，我们不如干脆找比较专业的机构去做这件事情。我们同他们合作，他们派专业社工过来和我们一起办公。这样也是个解决办法。”（访谈编号：2016070602；访谈对象：H 街道司法所工作人员）

由此，基层政府将社工机构吸纳到自身体制，既加强了对社会组织的控制，同时也保证了项目的发展方向在自己的控制之内，此时基层政府采取的完全是科层导向的行动策略。社会组织面对基层政府吸纳与控制的行为逻辑，通过“积极配合、主动受嵌”获得更多合法性资源。

“以前社矫人员都是直接去公安局报到，然后就完事了，根本没有什么新的服务的，当时移交到司法所之后，他们也是出于两个考虑，一个是他们（司法所）不知道怎么去做，因为这是全新的东西；二是司法所人员有限，根本做不过来。所以他们就正好找到第三方，那我们就顺应这个趋势，其实当时大家都不清楚应该怎么做，都在摸索。但我们在完成项目的过程中也就逐渐体现出我们的专业性来了。政府对我们的认可度也就上来了，我们慢慢地对服务原则性的把握和关键点的切入也就比较到位，政府对我们的信任也逐渐就提高了。”（访谈编号：2016062102；访谈对象：Y心理咨询服务中心机构负责人）

本章小结：

社会服务项目制的运作是科层与市场互嵌的过程。在不同的科层市场互嵌形态下，基层政府与社会组织分别采取了不同的合作策略与应对逻辑。本章从“市场导向”“市场嵌入科层”“科层嵌入市场”“科层导向”四个类别分别分析了政府与社会组织各自的行为逻辑并对其进行了解释，以回应本章开始时提出的问题。在社区探索型服务项目中，由于项目并未涉及政府政绩的关键领域，基层政府积极支持项目落实，较少对社会组织进行干预，呈现出“通过契约的合作”的特点，而社会组织则迅速把握机会，积极发挥专业特长，通过“突出质量”与“落实项目”来促进项目落地双方呈现出市场导向的行为逻辑；在创新型社会服务项目中，由于社会组织借助项目创新的优势获得了较强的专业性，因此基层政府难以通过科层手段对社会组织进行干预，呈现出“通过合同的控制”特点，而社会组织利用自己的专业优势和信息的不对称展开对政府“敲竹杠”式的“反控制”，双方呈现出市场嵌入科层的行为逻辑；在政府上下级共同推进的服务项目中，基层政府无法直接对社会组织进行控制，因此采用“通过合谋的合作”行动策略，而社会组织通过“配合与共谋”来获取合同外资源，双方呈现出科层嵌入市场的行为逻辑；在关系到综治维稳等领域的社会服务项目中，由于项目性质的特殊性，基层政府对社会组织进行“通过吸纳的控制”，社会组织为获取项目资源和组织合法性而“自愿被控”与“主动受嵌”，双方呈现出科层导向的行为逻辑。

由此可见，基层政府与社会组织之间并未呈现出平等的合作关系形态，且随着项目制度环境的变化，二者的行为策略也不断随之变化。这皆缘于项目运行中的激励与控制程度发生了变化。在第一类社会服务项目中，基层政府与社会组织的目标均为促进项目落地，因此双方受到较高激励。但是由于基层政府对社会组织的专业性依赖与绩效依赖均较低，且对社会组织的政治性嵌入和结构性嵌入也较低，导致在项目运行中的弱控制，由此造成了双方市场导向的行为逻辑。第二类社会服务项目中，基层政府与社会组织均期望推进项目并使其成为政府社会治理创新的重点项目，双方因而受到强激励。但由于基层政府对社会组织的专业性依赖与项目绩效依赖均较强，这使基层政府加强了对社会组织的控制程度以改变权力关系中的不利地位。此外，基层政府对社会组织强政治嵌入和强结构嵌入导致政府的监管力度也较强，这进一步加强了政府的控制力度，促使双方呈现出市场嵌入科层的行为逻辑。第三类社会服务项目中，多元参与主体间目标的不一致导致基层政府与社会组织间的弱激励；基层政府对社会组织的专业性依赖与绩效依赖均较低，这使政府无太大动力对社会组织加强控制，而弱政治性嵌入和结构性嵌入减弱了政府对社会组织监管的嵌入性，最终基层政府不得不与社会组织“合谋”来反控制上级政府，双方呈现科层嵌入市场的行为逻辑。第四类社会服务项目中，由于基层政府通过项目解决职能部门人员短缺问题的目标与社会组织获取稳定资金支持的目标不一致，导致对双方的激励不强；而政府对项目的强绩效依赖使其必须积极控制项目走向，且强政治嵌入和强结构嵌入导致基层政府对社会组织的监管嵌入性加强，社会组织几乎被吸纳进基层政府体制，双方呈现科层导向的行为逻辑。

目标一致性、资源依赖程度和监管嵌入性三个维度的相互作用造成了基层政府与社会组织在不同类型社会服务项目中的不同行为逻辑。那么，社会服务项目制的这种运作结果将对社会建设的长远目标产生何种影响？是否如政府预期的那样带来社会的良性运行？社会服务项目制将使政府与社会组织关系向何种方向发展？本书将在下一章中对以上问题进行解答。

第五章

科层、市场或互嵌逻辑的影响：增量供给与非良性运转

如前所述，基层政府通过目标分立的选择性机制、运动式资源整合与动员机制以及嵌入性监管机制三种机制实现基层社会治理创新和项目的运作。在目标一致性、资源依赖度和监管嵌入性三个影响因素的作用下，基层政府在社会服务项目运作中表现出四种不同的行为逻辑，总体上呈现出科层、市场互嵌的特点，而社会组织对此进行了策略性合作。不论基层政府与社会组织如何进行项目运作，社会服务项目制的推行的确在公共服务职能转移、实现社会服务供给的专业性和提高社会组织的合法性方面起到了积极的作用：社会化、专业化的服务手法较之于传统的公共服务提供方式更易于解决实际问题；项目的开展在一定程度上也满足了部分新增的社会需求；社会服务项目制的运转使政府加大了对社会组织的扶持和培育，从而提高了社会组织的形式合法性和社会合法性。

但任何外在的制度环境均会在对组织发展带来正面影响的同时也产生负面作用[①]，社会服务项目制的运行也对政府与社会组织关系、社会服务的供给成效带来一定的消极影响。游走于科层与市场之间的基层政府行动策略和社会组织策略性的应对逻辑实际上预示着在项目制运作过程中政府与社会组织关系的非良性运转。第一，社会服务项目制造成正式合同的形式化，表现在项目招标中的倾向性选择、项目投标中的组织间合谋、项目落实中的唯指标化；第二，社会服务项目的不断细化和专业化造成社会组织间的不断分化、依托政府治理创新下的社会服务项目制不断将基层政府与特定的社会组织捆绑在一起，社会组织间的“马太效应”；第三，在以上两种结果的影响下，社会服务呈现出“有服务、无效果”“有服务、无深化”“有服务、无扩散”的“服务内卷化”特点。本章将对以上社会服务项目制带来的双重影响作进一步分析。

① Pfeffer J. , Salancik R. , The External Control of Organizations: A Resource Dependence Perspeictive. Stanford, CA: Stanford University Press, 2003: 25.

第一节　科层、市场或互嵌逻辑的积极影响：增量化的社会服务供给

基层政府为实现公共服务职能转移、维护绩效合法性和对社会的合法性控制而推进社会服务项目制，为项目制的运行提供了制度合法性基础。事实表明，在基层政府的大力推动下，社会服务项目制对转移政府职能、实现社会服务的增量化供给以及提高社会组织的合法性起到了一定的积极作用，在某些服务领域，社会组织拥有了较大的自主性空间。相较于传统单位制模式，以项目形式进行社会服务供给更符合多样化的社会需求，专业化的服务手法较之于传统服务方式更易于使服务对象接受；而社会组织在政府大力扶持和培育的过程中，获得组织的形式合法性；在政府不断加强制度化建设和社会服务项目不断推进过程中，社会组织的社会合法性也逐渐提升。

一、社会服务的增量化

从某种程度来说，社会服务项目制是基层政府为化解城市化进程中激发的社会矛盾和社会问题而进行的制度选择。社会服务项目制的供给方式打破了原有科层体系的碎片化障碍，运动式的资源整合与动员实现了社会服务的增量化供给。随着基层政府的积极推动，社会服务项目制逐渐成为政府提供公共服务的重要手段。H 街道开展“关爱 H 城”建设以来，通过项目形式解决社会需求，从 2009 年至 2017 年，“关爱 H 城”建设资金呈现出不断增长的趋势（详见图 5 - 1）。截至 2017 年 12 月，H 街道共引进与培育社会服务组织 50 余个，共推出社会服务项目 259 个[①]。项目化的社

① 资料来源：根据深度访谈资料整理而得。

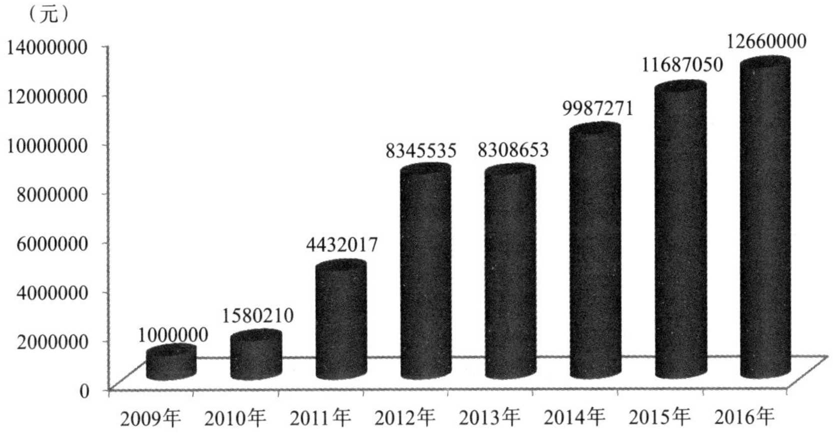

图5－1　H街道“关爱基金”服务项目资金投入图

资料来源：“关爱H城”建设督导委员会：《“关爱H城”建设2016年工作总结及2017年工作计划》，2017年1月。

会服务模式一方面改变了基层政府社会服务的手法，有助于社会问题的顺利解决；另一方面，以需求为导向的项目制方式有助于更有针对性地解决社会问题，项目设计专业性提高。具体而言：

一是开拓出多个领域的社会服务项目。社会服务相较于基层政府而言，总体上呈现出增量化供给的特点。H街道通过社会服务项目进行社会建设，先后共开拓出包括社区社会服务、家庭社会服务、青少年服务、企业服务、长者服务、社区矫正服务、社区倡导服务、医务社工服务、志愿服务、主题中心服务等多个领域的社会服务项目。其中社区社会服务又涉及社区发展、社区共融、社区自组织培育、社区综合服务等多个不同项目类型，极大地丰富了社区服务的内涵。以长者服务为例，H街道的“关爱基金”服务项目就涉及社区养老服务项目、家庭养老服务模式和院舍养老服务模式等。如GY社区服务中心项目，主要以港式社区养老为主要方式，以GY长者日托中心及GY社区服务中心为依托，为社区长者提供午休床位、日常康乐、心理关怀等服务；SG社区长者服务项目以“生活自理能力差、长期卧床、独居、伤残、低保”等弱势长者群体为重点照顾对象，并为其安装“平安钟”，以达到居家养老的目的；H街道长者颐乐中心服务项目结合长者颐乐中心服务，以“社工＋院舍”的方式开展长者服务。

“当时开始的时候涉及的领域也没有现在这么多。随着H街道的发展，各方面的需求增加，我们也就做得更多，服务的领域就得到了扩展。基本上社区、学校、医院、企业、老年人、青少年等各个群体都覆盖了。城市社区与农村社区现在基本上每个社区都覆盖了。”（访谈编号：2016071402；访谈对象：H街道社会工作委员会主任）

二是社工手法逐渐代替传统服务手法，柔性化解决社会问题。在H街道创新社会治理的背景下，基层政府传统的刚性化服务手段被打破，取而代之的是柔性化的服务手法，这更易于解决社会问题。正如本书第三章所述，社会服务项目制通过运动式的资源整合方式进行动员和中心工作“意识传递”的过程中，不仅将“关爱”理念传递到各个职能部门，而且也将柔性化的服务意识直接传送到各部门。2012年H街道成立“社工学院”，并通过购买服务方式开设初、中、高三级课程，将党员、政府公职人员、基层干部列为最首要的服务对象，其次才是公益社会组织负责人、专业社工、社会自组织负责人、义工骨干、对社会工作有积极兴趣的社会人士和在校学生等。从“社工学院”的服务目标来看，主要是为党员、政府公职人员、基层干部传授社会工作的知识和手法，转变工作思维，增强服务意识，提升专业水平。“社工学院”中级课程一个重要功能是开设关爱专员培训班，针对社区、政府职能部门的公共服务需求，由社工专业团队跟踪授课，开展理论与实务课程，以解决职能部门、居（村）实际问题为出发点，设计课程并进行督导，促使需求转化为服务项目。在“社工学院”的开展下，社会服务的专业手法逐渐运用到解决基层社会问题中，正如街道领导班子某成员所言：

“现在我们引入专业机构也是这个道理。他们的手法比我们的做法真的有所不同。之前有个PX社区，它是一个农村社区，由于存在历史遗留问题，村内有两家农户因多年积累的小矛盾天天在吵。本来是有一个街道领导挂钩这个村的，但是我们领导多次协调还是解决不掉，他们就因为一些小事而纠纷不断，后来我们请了社工去帮忙，两个社工进去后，两家人态度真的就变好了，都说‘你们应该早点这样子对我说，我心里就会舒服些，事情就会解决'。他们当时回来讲给我听这个事情，我感触很深。如果社区都用这种专业手法去做的话，很多事情都比较好解决。”（访谈编号：2016071402）

三是项目制的社会服务方式更符合需求，避免服务“一刀切”。社会服务项目制相对于单位制服务供给方式更具有针对性。在政府购买社会服务领域，存在项目制与单位制购买方式的区别。项目制的优势在于通过针对性的服务需求设计项目，因此项目实施效果更佳，而单位制的服务方式对解决普遍性社会服务的方式具有一定作用，但却难以体现服务的差异性。以H街道为例，社会服务项目制的供给方式较有针对性地解决了差异化的社区问题，避免了服务提供的“一刀切”，正如H街道党工委委员所言：

“现在也有很多地方采用综合服务中心的方式，但综合服务中心的话一般就只是有一些硬件在哪里，民众有时候没有感受到真的需要，服务模式都是统一的，所以服务内容都是一样的，根本就没有根据需求去做。如果这个服务我不需要你硬要塞给我，我也会很难受的。但是以项目的方式就不一样了。比如我们前段时间搞的妇女养生课程，是街道和青苹果主题基地联合去做的，但是这些服务在Z镇就不行，他们那边妇女的基本生活还未解决，这根本上就不匹配她们的需求。所以，我们社区的服务项目也是如此，每个社区的情况不一样，我们也就设计不同的服务项目下去，但因为我们每个社区只有20万元经费，那我们就跟社区书记说你就找最突出的问题，所以我们那个服务领域是比较多样化的。所以你会看到同样服务长者的项目，但是可能各个社区的服务内容不同。”（访谈编号：2016071502）

二、组织合法性的增量化

组织合法性是组织生存与发展的前提和基础。除了物质资源和技术信息等条件之外，组织要想在一个制度环境中生存下来，它必须得到社会的认可、接受和信任①。权力只有得到认可才会被合法化为传统型权威、魅力型权威或科层制权威②。因此，合法性对社会组织而言至关重要。斯科特根据不同社会理论学家对制度的分析，将制度归结为规制性、规范性、文化—认知性三种要素③。这三种要素正好对应了组织的三个合法性基础，分别为身份合法性、实质合法性和社会合法性（也可称作意识形态合法性）。身份合法性代表组织在规制性要素上是否合法，实质合法性代表组织在规范和专业性上是否符合约束性期待，社会合法性代表组织在多大程度上被理解和认可。社会组织的形式合法性是指组织是否可以通过独立的身份获得社会服务项目，社会合法性指社会组织在多大程度上获得公众的认可和接受，而实质合法性是指社会组织的专业性和自主性程度。社会服务项目制的运行，使社会组织获得了形式合法性；随着项目的不断深化，服务项目在一定程度上受到社会文化的认可，组织社会合法性提升。具体而言：

一方面，社会服务项目制的大力推行，使社会组织获得了形式合法性。从中央到地方，政府购买社会服务的力度不断加强，制度化程度不断加深，社会组织在承接社会服务项目的同时也不断地获得身份合法性，这为组织的发展提供了制度基础。自 2009 年 H 街道开展“关爱 H 城”建设以来，社会组织从不被关注到与政府合作社会服务项目，组织的形式合法性不断加强。在 H 街道尚未开始大规模引进社会组织进行社会建设之前，社会组织没有合法的身份承接社会服务。如开展社区矫正项目的 Y 心理咨询服务中心负责人所言：

“2010 年的时候我们还没有成立民办非企业机构，那我们就只能用我们自己的商业机构来承接项目。当时我们的实体就是 H 心理咨询公司。因

---

① Scott, W Richard, Martin Ruef, Peter J. Mendel, and Carol A. Caronna, Institutional Change and Healthcare Organizations: From Professional Dominance to Managed Care. Chicago: University of Chicago Press, 2000: 237.

② ［德］马克思·韦伯著，阎克文译：《经济与社会》（第 2 卷），上海译文出版社 2010 年版，第 1039 – 1161 页。

③ ［美］W. 理查德·斯科特著，姚伟、王黎芳译：《制度与组织——思想观念与物质利益》，中国人民大学出版社 2010 年版，第 59 – 60 页。

为当时全国还没有多少民办非企业机构成立，所以你去问民政部门，他们也不知道怎么搞，他也不理你，所以那个时候要承接项目只能是政企合作。社工机构还是个新事物，更别说承接政府项目了。”（访谈编号：2016062102）

再如，从事社区服务的某社工机构负责人在讲到最初成立民办非企业时的无奈：

“我们是2006年的时候就已经有了办机构的想法，但是当时民政部门一直不予通过，他们不懂也不知道怎么去做。到2008年，我们看到深圳市关于社工机构承接政府服务项目的新闻，我们赶紧拿着这个去找民政部，他们终于才知道原来是可以成立社工机构的。但最终确定给我们办下来，已经是2009年。所以2009年才我们在Z市注册了我们第一家从事农村社区服务的社工机构。”（访谈编号：2016062005；B社工机构负责人）

但2010年以后，随着《国家基本公共服务体系“十二五”规划》（国发〔2012〕29号）和《中央财政支持社会组织参与社会服务项目公告》以及《民政部 财政部关于政府购买社会工作服务的指导意见》（民发〔2012〕196号）的出台，社会服务项目制进入制度化发展阶段。2011年，F市将N区作为全市创新社会治理试点单位。为此，N区出台了一系列配套文件，其中包括《关于进一步培育和扶持社区社会组织的实施办法》（N办发〔2011〕63号，以下简称《实施办法》）、《关于建设N区“社工+义工”联动体系的意见》（N办发〔2011〕65号，以下简称《意见》）以及《F市N区人民政府购买社会组织服务办法》（N府办〔2011〕132号，以下简称《服务办法》）。《实施办法》对社会组织的准入条件适当放宽：“对申请设立的社区社会组织，具备设立条件的公益服务类社区社会组织可直接到民政部门申请注册登记”，而《服务办法》则对基层政府购买社会服务的要求、内容和承接方的条件、购买程序、监督和管理等方面内容做出了规定①，社会组织的身份合法性进一步提升。

为继续对社会组织进行扶持和培育，H街道借助“关爱H城”建设，

---

① 中华人民共和国财政部：《N区财政局探索建立政府购买公共服务“N区模型”》，http://www.mof.gov.cn/xinwenlianbo/guangdongcaizhengxinxilianbo/201301/t20130125_730193.html。

设立了 N 区首个公益社会组织孵化培育中心，积极扶持本土社工机构，为其提供办公场地和资源链接，以“1 元场租”协助机构成长；以关爱基金为社会组织提供项目经费支持；委托第三方提供专业培育指导，为公益社会组织成长提供技术指导。此外，开设 H 街道社工学院，其中中级课程体系提供社会公益组织培训课程、社工考试培训班等，高级课程体系主要针对本土督导储备人员，采用实操、观摩与课程培训相结合的方式，探索并逐步完善本土督导进阶体系。经过多年努力，H 街道自 2012 年至 2016 年 8 月，通过社会服务项目累计培育公益社会组织 43 家。

另一方面，组织的社会合法性在项目落实中不断提升。如果说组织的形式合法性是社会组织获得承接社会服务项目的身份性条件和制度性基础，那么社会合法性则让社会组织的认可度得到进一步提升。社会合法性主要是强调在社会认可的基础上建立的一种权威关系①，是社会文化系统对组织的认可程度②。社会服务项目最初下放到服务对象时，社会组织的社会合法性遭到了服务对象的普遍质疑。“关爱 H 城”建设初期，各类社会服务项目均处于探索时期，其中医务社工服务项目便是 H 街道联合辖区内医院进行的探索。但服务项目在最初下放到医院时，医护人员对社会组织存在普遍的质疑：

“像我们以前和 N 区人民医院合作，那就是我们把全部服务都打包出去，送下去人家还会排斥，为什么我医院要接受你街道的服务项目。你们社工能够给医院带来什么呢？人民医院这个项目是依靠社工服务缓和医患关系，但服务对象对社工的能力持极度怀疑。刚开始的时候确实是这样，像医院这种专业技术较强的地方，他们对你社工根本就不信任。”（访谈编号：2015111701；访谈对象：H 街道社工中心某社工）

“当时，街道把服务项目放到我们医院，是街道一直在给我们出资，但我们对社工服务的确有过质疑。那时候，大家都在观望，尤其我们的医护人员都有着资深专业技术，而你社工才刚刚毕业，这整个行业都非常年

---

① 周雪光：《组织社会学十讲》，社会科学文献出版社 2003 年版，第 78 页。

② ［德］哈贝马斯著，刘北成、曹卫东译：《合法化危机》，上海人民出版社 2009 年版，第 7 页。

轻，大家都对社工在项目中的作用很怀疑。”（访谈编号：2016083101；访谈对象：N区人民医院团委书记）

但随着政府对社会组织的培育力度逐渐加大、管理考核办法逐渐完善和服务不断深化，社会组织的社会合法性也开始不断提升。社会服务项目制成为主要的公共服务供给手段，服务对象对社会组织的认同逐渐加深。以H街道N区人民医院医务社工项目为例，随着项目的定位逐渐明确，医护人员对社工的认可度也逐渐提高。

“但是服务进来几年之后，发现社工进驻医院之后，对病患的关注和服务比较到位也比较有成效。比如我们医院的这个项目，主要是为乳腺癌患者和结直肠癌患者提供支持，我们也配合社工成立了两个癌症志愿者团体，现在这两个团体的成员对社工的认可度非常高，医护人员也看到了这个服务的成效，所以开始对社工有所接受，也明白他们擅长的是什么了。现在我们和‘关爱基金’共同出资，而且是我们出的比较多，就是觉得对我们医院缓和病患关系还是有一定作用的。”（访谈编号：2016083101；访谈对象：N区人民医院团委书记）

第二节　科层、市场或互嵌逻辑的消极影响：政社关系的非良性运转

不可否认，在基层政府积极推进社会服务项目制的过程中，多个领域的社会服务均得到了增量供给，社会组织也由此获得形式合法性和社会合法性。然而，社会组织的实质合法性并未真正提升。社会服务项目制运行中基层政府游走于科层与市场之间的行动策略和社会组织通过策略性的应对，恰恰造成了政府与社会组织关系的非良性运转。基层政府有选择性的控制和支持，社会组织“见缝插针”式的反控，使已经增长出来的社会空间并未向良性的方向生长，而是产生新的不确定性，表现在通过契约建立的合作关系并未体现真正的合同关系，而呈现出正式契约的形式化；社会

组织并未经历市场规律下的优胜劣汰，而是过早呈现组织间的“马太效应”；社会服务并未突破现有的服务模式，而是呈现出“社会服务内卷化”特点。

一、正式契约的形式化

如前文所述，社会服务项目制中基层政府在不同的社会服务领域内采取不同的行动策略，在关系到政府关键政绩领域的服务项目和综治维稳等领域的服务项目中，为保证对此类社会服务项目进行方向性把控，基层政府加强了监管的嵌入性，不仅对社会组织进行强政治性嵌入，也进行强结构式嵌入，项目招标中经常进行倾向性的项目招标；而社会组织面对不同的政府行动策略，为保证项目顺利中标，也“发明”了一系列的应对策略，最终导致投标中的组织合谋和非竞争性。上述两点造成不论基层政府考核社会服务项目或是社会组织落实项目，均呈现出“唯指标化”特点，这极大地影响了社会服务项目的实际成效。

（一）招标中的倾向性选择

H 街道多个社会服务项目均属于政府创新型服务项目，七大主题中心项目作为“关爱 H 城”建设的地标和核心项目，是展示街道社会治理创新成果的窗口，政府对承接此类社会服务项目的社会组织较为信任，其中多个组织更是直接参与主题中心建设，因此，基层政府不愿轻易改变服务承接方。以主题中心之首“关爱 H 城·创益中心”为例，它是整个“关爱 H 城”建设的总部基地，360 度展现“关爱 H 城”建设的发展历程，也为整个街道提供社区综合服务。“创益中心”集“享受公益”“设计公益”“创造公益”三个功能于一体，专门对外开放，提供免费参观服务，政府对其重视程度自然较高。且承接运营该中心的 Q 社工机构创始人与街道合作多个服务项目，并直接参与设计“创益中心”，因此，Q 机构已连续 7 年获得该项目。对基层政府的这种倾向性选择的行为，某社工机构负责人曾抱怨：

“大的社工机构可能总部实力是比较强，但是分配到每个项目的实力就难说了。老实说，社工机构都是一个萝卜一个坑，它不可能储备（人员）的，都是有项目的时候才会招人，如果是新的项目，那你招来的社工都是新人，除了项目主任可能会在项目之间流动。他们大的机构写的标书非常漂亮，但是能做到吗？这些招标文件一般都会要求提交一个已经在职的工作人员的材料，包括他的社保材料、经历、从事行业的时间等，或者就是套用广州深圳模式，他们会要求与某某高校合作啊或者有论文研究能力啊，这个是设计给谁的？这就是设计给有高校背景的机构的，那我们肯定不占优势啊。但是那些要求真的有那么重要吗？竞标过程中是有倾向性的，政府对人员的要求就是很死板，那是不现实的。”（访谈编号：2016062102）

而基层政府也拥有此类倾向性招标的制度支持，通过对《H 街道“关爱基金”服务项目管理办法》的修改，使政府可以事实上控制招标内容，也可以使某些组织“知难而退”：

“我们《管理办法》里是写清楚的，如果一个项目公开招标流两次标，同时只有一个机构应标，那我们就转为单一采购。其实比较大的项目和续项的项目，未必有新的机构有信心承接，因为一下子要配备很多人，大部分机构的实力还不那么强。因此大的项目或者人数较多的项目，就很容易流标，那么我们肯定会进行单一采购。”（访谈编号：2016070802；访谈对象：H 街道社工中心某社工）

（二）投标中的组织合谋和非竞争性

在相关制度尚未完善、社会组织尚未壮大的情况下，基层政府往往采取单一采购或定向购买的方式推行社会服务项目。随着近年来政府购买社会服务力度逐渐加大，相关配套制度逐渐趋于完善，规范的招标程序增强了社会服务项目制的竞争力度。但实际运作过程中，组织间的合谋和由此引发的非竞争性现象却随处可见。前文述及在上下级共同推进的社会服务项目中，基层政府与社会组织之间往往会结成联盟，以此来反控制上级政府。基层政府通过与社会组织结盟来获得组织自主性，以此获取本级政府的利益，社会组织通过合谋获取专业性和合法性资源。但其实这种合谋不仅仅存在于基层政府与社会组织之间，还存在于社会组织之间。

奥利弗在对组织的个体应对策略进行分析时就提出，单个组织面对制度要求或者压力时，往往会采取默认或遵守、妥协、回避、反抗或操纵五种应对策略。而默认或遵守某种策略的原因就是为了获得额外资源或增强合法性，回避策略往往是为了防止组织受到外界制度的影响而试图隐藏自己①。因此，面对基层政府倾向性的招标行为，社会组织间结成同盟，轮流陪标并达成默契，在协助其他组织获得持续性项目资源的同时稳定自身既有资源。

“招投标肯定是有的，但实际上一般这个机构与政府合作过的项目，肯定是有一定经验的，而且如果做得还不错的话，大家都会有私底下的默契，就肯定不会有人过来随便的抢标啊或者竞争。比如就是看到最近放标了，我看到熟悉的几个机构的项目就会去买一下标，他们看到我们机构了，也会去买一下，因为这个每年都得走一遭嘛。N区的这个氛围还是不错的，行业之间的交流和互动基本还是比较多的，大家私底下的这种了解也比较多，所以大机构拿大项目，小机构也有小项目可以做，相互之间都会有各自的服务领域，现在大家还是比较有默契。”（访谈编号：2016062801；访谈对象：Q社工机构负责人）

社会组织通过达成同盟来满足各自需求，且谁都不愿意打破这种默契和平衡，这实际上造成了项目的非竞争性。对H街道而言，竞争反而会遭到同行的怨恨和排挤，机构之间也因此达成稳定的利益集团。

“我们这里社会组织肯定有这种现象，不要说默契，可以说直接是联盟。我自己了解的，在H街道，真正服务的机构抢标的情况是不多的，在我们现在的服务机构里面，他们会有一个共识。能不抢的就不抢，你现在做的，我就不会去抢。除非是新的项目，他们可能会去竞争，但是现在已经做的大家都不会去抢，大家都避免伤了和气。”（访谈编号：2016070802；访谈对象：H街道社工中心某社工）

（三）项目落实中的“唯指标化”

在以上倾向性选择和项目的非竞争性影响下，项目落实中的唯指标化

---

① Oliver, Christine. Strategic Responses to Insititutional Processes. Academy of Management Review, 1991, 16: 145 - 179.

问题也随之而来。不论是基层政府对服务项目的考核抑或是社会组织落实项目均呈现“唯指标化”的特点。H 街道“关爱基金”服务项目聘请香港社企总会作为第三方评估机构，虽然提高了评估考核的独立性，但这种结果式的评估难以真正发现项目运行中的实际问题。评估专家主要以评估会议中社会组织的现场报告和项目文书作为考核标准，这使其难以判断项目指标的真实完成情况。《H 街道“关爱基金”服务项目管理办法》（G 工委办〔2015〕11 号）规定社会组织在末期进行第三方评估时必须提交《H 街道“关爱基金”成长型项目进度报告》或《H 街道“关爱基金”专业型项目进度报告》，但仅从该报告并不能判断服务的质量。而 H 街道社工中心社工挂钩制度的政治性考量高于技术性考量，因此也难以避免社工机构在项目落实中的“唯指标化”行为。

因此，社会组织通过多种方式完成指标：通过配合职能部门开展活动而获得指标，甚至有的社会组织仅仅在与职能部门合作中充当了志愿者角色，但也将其作为自己的服务指标；通过压缩服务质量而完成指标，在同一时间段内完成大量指标，而不顾服务的总体铺排；同一个活动同时完成多个项目指标，有的社工机构同时承接了多个服务项目，因此在资源联动中，同一个活动同时充当多个项目的指标等。对此，H 街道社工中心某挂钩社工表示无奈：

“社工机构在开展活动过程中，经常把好几个活动都放在同一天搞，有的甚至在同一天搞了 5 个活动，那么这 5 个活动能不能算是他们的指标？而在评估的过程中，只能通过他们的文书来看机构是否完成了这个任务，但是专家在评审的时候，只会看到每个策略一个文书档案盒子，在评估的短短两个小时之内，专家没有办法监控到实际上每个策略好多活动都是同时在举办，所以评估的结果也不能全信。而社工中心挂钩社工也没有办法实现全程的监管。比如，L 社区的一个项目，‘便民服务会’就是在‘长者生日会’那天举办，因为那天居民参与的人数较多。好多项目同一天就办完整个月的活动，大家都在打擦边球。但是按照我们管理办法来说的话，是没有办法对这些行为进行评估的，因为你光看指标，他们也完成了啊。”（访谈编号：2016072801）

二、社会组织间的“马太效应”

社会服务项目制的运行满足了部分社会需求，但也带来不可预料的后果。社会服务项目运行中基层政府的选择性控制行为与社会组织的策略性应对不仅导致上述提及的“正式契约的形式化”问题，而且造成了更为严重的后果：项目将目前并未发育成熟的社会组织与基层政府进行了重新组合，但这种分化与重组并非市场的“优胜劣汰”，一方面，项目的专业化和不断细化造成了社会组织间的分化，组织间难以形成行业性的竞争优势，不利于提高社会组织的专业性；另一方面，依托政府社会治理创新而开展的社会服务项目将部分社会组织与基层政府不断地捆绑在一起，双方互相获取绩效合法性，最终造成社会组织间“赢家通吃”的局面。从长远来看，这既不利于社会组织的培育，也影响了社会服务的效益。

（一）项目的分割与细化难以促进组织间的交流与合作

社会服务项目制的供给方式在一定程度上造成了项目分割与细化，基层政府在目标责任制和晋升锦标赛等“压力”的作用下，通过项目维持、扩张甚至争夺利益，导致项目被不断地细化且行业之间难以形成良好的专业互动，不利于社会服务专业性的提高。实力悬殊的组织之间难以有公平的竞争环境，小机构只能拿到小项目、大机构稳拿大项目，看似孵化出多个社会组织，但对行业的发展来说并无太大益处。以 H 街道“关爱基金”服务项目为例，20 万元以下的项目均不需要经过招投标，大部分服务项目处于 20 万—50 万元之间，这些项目的类型多样，内容也不尽相同，项目与项目之间的联系较差、可比性较低，难以形成良好的行业互动。

首先，缺乏全盘考虑的项目规划导致项目类型多样，但项目与需求之间难以无缝对接。

“H 街道的项目是挺多，但是也存在问题，好多项目都连接不上，比如说这里有个社区是做长者服务的，但如果出现一个青少年服务怎么办，或者家庭问题又怎么解决，那正好我这里有一个做家庭的，但不好意思，我这个服务领域不在你那里。那这个需求根本就解决不了。这应该是他

们的规划的问题了，好像他们政府也不愿意怎么规划。”（访谈编号：2016062301；访谈对象：F社工机构负责人）

其次，项目细化虽然使社会组织更易于完成项目任务，但长期来看，多样化的项目类型各自为政，降低了社会组织间的专业性交流，不利于小型组织的成长，也难以形成行业优势。

“另一个问题是项目之间没有联系，大家都是做社区服务的，但这个社区做的是社区养老服务，那个社区做的是社会组织培育，可能下一个社区又是做青少年的。好处的话就是大家都是各做各的，反正关起门来各自为政。因为做的项目不一样嘛，所以也就没有什么做得好与不好问题了，这对机构来说倒是比较容易完成项目任务。但是不好的话就是，机构与机构之间好像也就没有什么交流，因为项目太多、服务领域不太一样，没有办法进行交流。反正大家都相安无事。”（访谈编号：2016062301；访谈对象：F社工机构负责人）

最后，项目的分化增加了社会组织的行政成本，降低了组织的统筹能力，对刚起步的小型社会组织来说极为不利，进而扩大了组织间的“马太效应”。

“项目太细太小也不是什么好事情，对机构发展来说，你总是拿小项目你的统筹能力肯定就会差一些。当然对我们机构来说我们肯定是不愿意做小项目。比如一个30万元的项目，我们要配备3名社工，其中还要拿出来做行政费用，还要配1名香港督导，还有项目主任往往还是中级社工，然后另外两个社工又是做了三年四年的，我们不愿意这些老员工流失，那我们机构就肯定会贴钱。大机构的话还种情况还能统筹一下，但小机构你肯定是维持不下去的。”（访谈编号：2016062301；访谈对象：F社工机构负责人）

（二）社会组织间产生“赢家通吃”局面

在绩效合法性的潜在约束下，基层政府将社会治理创新作为政府购买社会服务项目的潜在目标，这使不断分化的社会组织进行了重新组合。如前所述，在创新型社会服务项目中，基层政府通过项目获得了较高的绩效合法性，而社会组织也依托项目获得较好的组织声誉并进行了服务扩张。

这类创新性服务项目将政府与既定的社会组织不断捆绑在一起，不利于社会组织自主性的提升，也不利于整个社会组织的行业发展。“关爱 H 城”服务项目中，多个服务项目均为街道创新社会治理的“亮点”，不论是企业服务、社区矫正服务、医务社工服务、驻校社工服务还是青少年服务，这些项目的承接方均为街道积极引进的非本土大型机构。随着此类项目的治理绩效不断凸显，基层政府对此类项目的监控力度也不断加强，并与之结成稳定的“互惠整体”，造成社会组织间“赢家通吃”局面的产生。

H 街道各大创新型服务项目分别由几家大型机构承接，如承接企业社工服务项目的社会组织为 B 社工机构，承接社区矫正服务项目的组织为 Y 心理咨询服务中心，承接青少年服务项目的社工机构为 S 社工机构，承接综合性服务项目的为 Q 社工机构，承接长者服务项目的机构主要为 F 社工机构，总体而言，小型社工机构难以与这些大型机构进行平等竞争，且在项目的作用下，各大机构与基层政府之间形成了稳定的结合体。

“目前 H 街道承接服务项目的机构实际上是越来越少的，项目现在越来越集中到几个大型机构身上，小机构的竞争力度下降，很多机构最后没有办法都走了。这一个可能是我们这里的管理办法太严格，另一个就是组织太集中，反正现在合作的机构是相比较开始的时候少了。”（访谈编号：2017020801；访谈对象：H 街道社工中心某社工）

三、社会服务的“内卷化”

“内卷化”一词由吉尔茨在研究印度尼西亚的生态变化过程时提出，但它的概念特指社会或文化现象的“内卷化”[①]，黄宗智进一步发展了“内卷化”概念，将“内卷化”进一步理解为“过密化”，指“劳动生产率在

① Geertz, Clifford, Agricuitural Involution: The Process of Ecological Change in Indonesia. Berkeley: University of California Press. 1963: 25.

密集化状况下保持不变，在“过密化”状况下边际递减，在发展状况下扩展”[①]。杜赞奇将“内卷化”概念扩展到对“国家政权在乡村的扩张”的研究，进一步丰富了这一概念的内涵，认为乡村政权内卷化会造成国家捐税与营利型经纪增生的恶性循环[②]。以上学者事实上均指向了“内卷化”的一个特点，即“有增长无发展”。扩展到社会服务领域，“内卷化”恰好用来形容社会服务“有增长无发展”的现象。

随着社会服务项目制的推进，大量的社会服务不断地输送到基层，项目的类型和领域逐渐丰富，但项目的效果却并不尽如人意。依托社会治理创新、转移政府职能、对社会合法化控制下的社会服务项目制的边际效益在达到一定临界值后持续下降，在合同的形式化和社会组织间“马太效应”的影响下，社会服务呈现出“内卷化”的特点：社会服务项目需求最终服务于基层政府绩效合法性，因而“有服务，无持续性”；大量的文书考核和缺乏弹性的考评体系导致服务项目“有服务，无质量”；多个创新型服务经过几年发展边际效益递减，是“有服务，无扩散和深化”。

（一）“有服务，无持续性”

社会服务项目制的产生过程中，往往以基层政府的偏好为主要考量。项目研发中，并未充分体现社区居民需求，而是以基层政府部门偏好为主；注重创新的服务设计主要突出的是基层政府对服务的绩效期待，导致项目难以持续存在；上下级政府、部门之间项目博弈，导致项目的重复和交叉。以上现象均导致社会服务项目的非持续性，造成了项目资源的浪费。

第一，虽然项目研发能满足部分社会需求，但这种需求大多数情况下是由基层政府部门决定而非服务对象决定。而大量具体、细化的服务项目因难以开展全面的需求调查或因成本太高而导致服务项目最终由政府部门与社工机构联合设计。H街道“关爱基金”服务项目的研发虽然已经较为

① 黄宗智：《长江三角洲的小农家庭与乡村发展》，载黄宗智著，《明清以来的乡村社会经济变迁：历史、理论与现实》（第2卷），法律出版社2013年版，第10页。

② ［美］杜赞奇著，王福明译：《文化、权力与国家——1900—1942年的华北农村》，江苏人民出版社2003年版，第211－217页。

规范，但同样存在项目难以直接体现社区居民实际需求的问题。如众多“携手社工计划”服务项目仍由职能部门或社区居委会决定，社区居民难以真正参与服务的设计。项目体现的是社区居委会的管理需求而非社区居民实际需求。

“我们首先有一个需求的调查。我们有几方，就是项目出资方（街道‘关爱基金’）、承接方（社工机构）、服务使用单位（社区）、服务对象（社区居民）。其实是四个方面都有各自的需求，往往就是服务对象的需求通过服务使用方或者承接机构甚至也可能是购买方三方的需求来体现。因为一般情况下服务对象不可能都会有一个一致的呼声。服务对象实际上也是融在这几个方面之中的，这三方的服务需求也就是项目的需求。项目的设计主要就是社工中心推荐、机构设计、社区居委会审核，主要也是为了解决社区（管理）存在的问题。”（访谈编号：2016070802；访谈对象：H街道社工中心某社工）

第二，以社会治理创新为目的的社会服务项目制整体上符合基层政府的政绩期待，大多数探索型服务项目要先有“成效”才能获得持续资金投入。这首先导致项目不断细化和多样化，但若项目不符合绩效期待或项目效果不突出，项目往往无疾而终。H街道将10万元以下的项目称为成长型项目，只有当成长型项目具有符合街道预期的项目效果时，才能升级为专业型服务项目。当然探索众多成长型项目对基层政府而言是有利的：

“对政府来说，小项目设置众多也是正常的，因为小项目更有好处啦，小项目更容易出亮点啊，他们（政府）都是靠政绩说话的嘛，很明显，小项目数量就上去了嘛。”（访谈编号：2016062301；访谈对象：F社工机构负责人）

同样，即使是专业型服务项目，基层政府也会衡量项目绩效是否符合预期，如“关爱基金”服务项目中探索社会企业服务模式的专业型服务项目。该项目场地位于“创益中心”，项目设置目的是烘托社区公益氛围。然而此项目自立项以来，几乎每年都会更换承接机构，项目内容也在不断进行调整。服务主题从“关爱自闭症儿童”到“益家生活馆”再到“教你做公益”最后到“公益创变馆”，除了作为政府对外宣传公益理念的窗口之外，很难想象持续变化的服务内容究竟能在多大程度上起到公益倡导的作用。

第三，项目的重叠和交叉，加大了项目的沟通成本，降低了项目的持续性。上下级政府目标和偏好的不一致导致项目的重叠和交叉，在大多数情况下，下级政府不得不终止服务项目，造成部分项目资源的浪费。H 街道“青苹果之家”服务项目中的一个子项目为探索驻校社工服务项目。承接该项目的 S 社工机构已经在 G 中学开展多年驻校服务。然而，在新一期项目招标中，上级政府将 G 中学作为区级驻校社工服务的试验点，但同时 S 机构并没有中标这一项目，这就造成了项目之间的重叠和交叉。对此，S 机构负责人明确表示：

“我们当然还是希望能留在 G 中学，因为我们已经做了三年。对我来讲，我们是不希望有两个机构同时服务同一个服务对象。因为在学校我们主要是做个案比较多，社工对于学生来说作用主要就是有需要时可以直接去寻求帮助。那么在两个机构同时进驻这个学校的情况下，如果我的 case 在找我的时候，我正好不在，因为我们是子项目，只有半天的驻校时间，那这个同学是找另外一个机构的社工还是遵循我们的约定而等我上班时候再找我？对他而言可能是有点疑惑的。对我们机构而言，我们也会存在指标相互打架的问题。所以，实在不行，那我们只能选择退出这个学校。”（访谈编号：2016063002）

（二）“有项目，无质量”

项目管理中缺乏弹性的考评体系，在规范社会组织运行的同时也使社会组织疲于应付，缺乏提高服务质量的积极性，致使项目有服务无质量保证。一方面，嵌入性、过程式的监管机制使基层政府对项目的把控非常严格，项目承接方必须按时提交各种考评资料，接受中期考核、末期评估；另一方面，细化的社会服务项目给小型社工机构带来生存机会的同时也提高了机构的运行成本，这使社工机构难以全身心提高服务质量而仅仅关注项目指标是否能完成。具体而言：

一是项目管理体现基层政府意志，项目的严格把控降低了机构执行项目的灵活性。如“关爱 H 城”建设管理办法规定：自立项后两个月内，执行单位须提交《H 街道“关爱基金”服务项目服务计划》；自签署协议后，执行单位须每月 5 日前定期提交《H 街道“关爱基金”服务项目月报》；项目监督方通过现场访谈、抽样回访、资料查阅和信息核查等手段，对项目执行质量和效果进行监督；执行单位须提交《H 街道“关爱基金”成长型项目进度报告》或《H 街道“关爱基金”专业型项目进度报告》及相关资料，接受中期或末期评估；一年一周期的服务项目，年内均进行期中和期末的第三方评估。两年一周期的服务项目，周期内每年两评，每年的年中为阶段性自评，年末为第三方评估①。复杂的考评体系加上项目执行金额必须与预算金额一致，这使社工机构疲于应对。

“所有东西都有两面性，政府对社会组织的考核非常严格，一方面肯定是想使社会组织在发展初期更规范，但另一方面也肯定会限制他们的发展，如果我们的《管理办法》不调整，肯定会限制机构的发展，比如社工薪酬，你要是总是不提升，肯定会造成很多问题，第一是机构内部人才的流失，造成机构人员不稳定；第二个就是会造成整个机构的流动性，虽然机构实际上不会让自己完全赔钱，但整个服务质量就肯定没有办法保证了。”（访谈编号：2016062802；访谈对象：H 街道社工中心某社工）

二是大量的考核文书使小型社会组织无力承担，社会组织疲于“活命”的状态下，还需面对人员流失的风险，项目质量就更加难以保证。H 街道社会服务项目运作过程中，先后培育了 53 个社会组织②，其中不乏众多小型社工机构。社会服务项目虽然为这些小型机构提供了生存的资金，但若机构拿不到多个服务项目，那么众多文书资料就会使其行政成本增加。且如果项目一旦结项，这些机构也就面临人员流失的风险，而人员的高流动性反过来又降低了机构中标的可能性。社工机构在这种恶性循环下也就难以保证高质量地完成项目。如刚刚结项的 A 机构某项目负责人表示：

---

① H 街道工作委员会办公室：《H 街道“关爱基金”服务项目管理办法》（G 工委办〔2015〕11 号），2015 年。

② H 街道社会工作委员会汇报材料：《创新社会治理、着力改善民生——“关爱 H 城”建设总结及未来五年规划》，2016 年 12 月。

“由于机构自身的行政成本问题，我们没有办法仅承接单个项目。我们这个项目是19万元，刚开始只配备一个专职社工，但后来发现行政性工作太多，根本难以完成项目任务，因此机构才派我过来做这个项目。但这次评估的时候，专家还是认为我们的文书做得还可以再完善一些，比如每次活动都要有书面的督导评语和活动总结。其实我认为我们已经花了很大精力在做文书了。我们整个项目每年要做28—29场活动，其实每个月就是要有2—3场大型活动，其实之前我们也会在活动之后顺便做一些回访之类的，但只是没有把它形成书面材料，那如果我按照专家的说法去做，我的文书工作就要是现在的2—3倍，那样我就更没有精力好好做活动了。所以我们机构最后决定还是撤出这个项目。”（访谈编号：2016062203）

（三）“有数量，无深化、扩散”

社会治理创新思维下的社会服务项目制承担了创新的功能，但随着服务项目的持续推进以及各领域服务的完善，依托项目绩效带来的边际效益开始呈现出递减的趋势。项目在持续运转多年的情况下，并没有总结出较好的服务模式以实现服务的扩散，项目也仅仅停留于表面而未实现服务的深化。“关爱H城”建设开展六年多来，各个服务项目均创新出众多品牌项目，但这些项目的后续创新能力存在明显不足：项目内容重复严重、服务覆盖面和影响力有限、项目模式难以提炼、项目效果未达预期，这些问题均导致“有项目而无深化和扩散”。

第一，同类型的项目不断复制，但服务的专业性并未体现，服务效果也就难以深化。虽然“关爱H城”建设服务项目类型多样，但众多看似不同的服务项目本质上却并无二异。如2016年“关爱基金”30多个服务项目中有7个项目均涉及青少年服务，这些服务看似在探索不同的青少年服务模式，但事实上大部分青少年服务项目均依托社区开展如“托管”“430课堂”“青少年义工团队建设”等同类性质的活动。且就单个项目而言，服务本身并未实现深化，虽然项目数量不断增多，但项目效果并不突出，项目的专业水平并未凸显。如大部分项目中小组类活动或团体类活动开展得较多，但真正代表专业水平的个案服务在数量和质量上均难以保证。

“总体看来，社工服务能力还是有点偏弱，服务根本就难以深化，你看一下'关爱基金'的服务项目，其实他们个案做得很少，现在街道每年都花1000多万元购买服务，但真正开了个案服务的项目并没有多少个。"（访谈编号：2016071502；访谈对象：H街道党工委委员）

第二，原有的服务项目覆盖面和影响力有限，活动集中在固定的人群。大部分项目的宣传渠道单一，一般仅通过微信群或者QQ群进行活动宣传，这使真正能够参加活动的居民数量非常有限。因此，虽然服务已开展多年，但服务的覆盖面和影响力均难以达标。对此，一位社区居委会负责人对某个服务项目表示无奈：

"三年项目开展下来，基本上服务都差不多，没有什么太出彩的地方，影响力比较低。一个已经开展了三年的服务项目，举办的活动与三年前没有什么不同，这就有点问题了。服务群体和服务对象单一，主要就是服务那帮人。比如亲子家庭方面，就那么几个、十来个人，覆盖面太小。每次有什么活动，就是在那些群里发个消息，那没有参加过活动或者不在群里的人根本就不知道这个服务。虽然目前我们社区外来人口很多，但是现在来看，服务连本地人都覆盖不了，就更不用说外来人口了。"（访谈编号：2016081802）

第三，多个创新型服务项目呈现出创新疲态，一味地打造服务品牌而忽视服务质量，使项目难以保证质的扩散。以H街道"青苹果之家"青少年服务项目为例，该项目中被称之为"品牌"的活动多年来并未实现新的突破，服务成效也依然停留在最初水平。依托"青苹果之家"开展的青少年服务项目的目标原本是"打造H街道青少年服务项目的探索基地和模式孵化基地"，但从目前的服务效果来看，虽然有创新，但项目未达到预期目标，机构的创新后劲不足。

"整体来看，服务开展到现在总体上还可以，但是一直未达到服务面上的覆盖。社工驻校是这个项目的一个子项目但也是一个特色，尤其是对生命教育和品格教育两方面来说，创新性较大。但做这么多年一直还是那两个学校，没有作为一个面上的宣传铺开。我觉得也是这个项目进入了瓶颈期，受众面难以扩大，机构整体上出现疲态，他们也不太善于创新，项目研发方面没有突破。也没有达到我们希望的目标。我们希望就是下一阶段，他们真的能扩大服务覆盖面，提炼出‘青苹果之家’的服务模式。”（访谈编号：2016081601；访谈对象：H 街道社工中心某社工）

本章小结：

目标分立的选择性机制使基层政府采用不同的逻辑与社会组织进行合作，运动式的资源整合与动员机制也极大程度上调动了部门参与社会建设的主动性与积极性。因此，基层政府大力推行社会服务项目制的确对政府职能转移、社会服务供给的专业性、提高社会组织的形式合法性和社会合法性起到了一定的作用。但与财政领域的项目制类似，社会服务项目制的运作并没有呈现出正式的合同关系特点，而是使政府与社会组织关系呈现出非良性运转的趋势，并影响了社会建设的长远目标。具体而言，基层政府选择性的控制行为与社会组织策略性的应对造成社会服务项目招标中的倾向性选择、项目投标中的组织间合谋、项目落实中的唯指标化，这标志着正式合同的形式化；项目的不断细化和专业化使社会组织间难以形成行业性的竞争优势和良性互动，最终影响组织间正常的行业互动和社会服务专业性的提升，互相获取绩效合法性的基层政府与社会组织不断捆绑在一起，造成社会组织间的“赢家通吃”的局面；社会服务在项目运作中难以实质性增长，反而呈现出“有服务、无持续性”“有项目、无质量”“有数量、无深化和扩散”的“服务内卷化”特点，这不利于实现社会建设的长远目标，也难以真正实现社会服务的公众参与。

第六章

结论与讨论

第一节 基本结论

社会服务项目制已经成为基层政府提供公共物品的重要方式。通过项目制的方式进行社会建设已经成为现阶段我国各级政府治理创新的重要手段之一。基层政府通过项目形式突破了原有科层体制的碎片化障碍，社会服务的供给由科层制向项目制转变。社会服务项目制不仅是一种国家治理体制，更是一种贯通国家与社会的治理机制。围绕社会服务项目制展开的讨论成为近年来学界讨论的重点，社会服务项目运作下基层政府与社会组织各自的行动策略以及背后的行为逻辑也将直接影响政府公共服务提供的效果。但现实中，基层政府与社会组织在社会服务项目制运作中并未始终呈现出合同化的行为逻辑。在涉及政府绩效的项目中，政府不惜任何代价加强对社会组织实施控制，在非政府“亮点”工程的项目中，政府的行为才可能趋向于市场化的逻辑。但项目推进的程度不同，也会改变政府与社会组织之间的力量对比，从而使政府迅速作出反应，及时调整策略。社会组织面对政府的不同行为逻辑，也及时进行策略性的应对。究竟是什么原因造成了社会服务项目制运作中基层政府与社会组织不断变化的行为逻辑？这种变化的行为逻辑又会带来怎样的后果？

已有关于项目制的研究没有对财政领域与社会服务领域的项目制进行系统区分，也未对不同类型社会服务项目制下政府和社会组织双方的行为逻辑进行系统全面剖析，致使社会服务项目制中的基层政府与社会组织之间关系的真实面貌难以完全呈现。此外，已有关于政府与社会组织关系的研究虽然呈现了在某个环境下政府与社会组织的行为策略，但对双方在不同环境下的行为差异和造成这种差异的原因分析不足。因此，本书建构了一个社会服务项目制视角下的政府与社会组织行动策略分析框架，尝试对社会服务项目制与上下级政府间项目制的区别、不同社会服务项目下基层政府与社会组织的行为变化及背后的逻辑、社会服务项目制运作对政府与社会组织关系和公共服务供给的影响几个问题进行解答。本书得出了以下三个方面的研究结论：

结论一：社会服务项目制不同于财政领域的项目制，是基层政府转移政府职能、维持绩效合法性和对社会进行合法性控制的产物；社会服务项目制在监督方式、运行逻辑和项目权责归属上均不同于政府上下级间的项目制；受到客观政治环境的影响，社会服务项目制在运作中呈现目标分立的选择性机制、运动式的资源整合与动员机制和嵌入性监管机制。

具体而言，项目制早已溢出财政领域，成为基层政府社会服务供给的重要手段。

第一，社会服务项目制产生于政府职能转移、政府的绩效合法性需求和对社会的合法性控制。因经济体制改革的深化而诱发的社会结构巨变和治理方式的重塑，要求减少政府对经济领域的直接控制，社会服务项目制正好为创新社会治理、转变政府职能提供了路径；经济体制改革的成功给政府带来了绩效合法性，但随着社会问题和社会矛盾的不断涌现，政府急需通过新的方式获取新一轮绩效合法性，社会服务项目制正好满足了这一需求；而我国总体上依然是一个强国家弱社会格局，政府对社会组织的积极培育和扶持一方面提升了社会组织的能力，以更好承接公共服务职能，另一方面也加强了对社会实施合法化的干预。

第二，不同于财政领域的项目制，因社会建设的长期性和固定性，社会服务项目制在项目监督方式上是过程导向的而非结果导向的，政府不仅要进行结果的监控，还要时刻关注项目的发展方向；社会服务项目制在运行逻辑上也不同于财政领域的项目制，纵向是权力控制下的科层化供给模式，横向是政府与社会组织之间的合同化供给模式，且纵向政府之间的权力关系往往会影响横向关系；项目权责归属上，社会服务项目外包的只是公共服务业务而非公共服务责任，这使社会组织有可能利用不承担责任和风险而改变双方的关系。

第三，在压力型体制、目标管理责任制和晋升锦标赛的制度环境的外在作用下，通过三种机制实现基层社会治理创新和项目的运作。上下级政府间的目标分立、政府与社会组织间的目标分立导致社会服务项目运作中的选择性行为；运动式的资源整合与组织动员突出了社会服务项目制的核心地位和合法性权威，跨部门协调与运作吸引了各部门负责人的注意力，从而加大了项目动员；作为委托人的政府需要对非营利组织进行嵌入式的监管，以使项目发展方向与项目运行态势处于可控制的范围内。

结论二：当项目的控制程度与激励程度发生变化时，基层政府与社会组织会表现出不同的行为逻辑；在强激励、弱控制的社会服务项目中，基层政府与社会组织呈现出市场导向的行为逻辑；在强激励、强控制的社会服务项目中，基层政府与社会组织呈现出市场嵌入科层的行为逻辑；在弱激励、弱控制的社会服务项目中，基层政府与社会组织呈现出科层嵌入市场的行为逻辑；在弱激励、强控制的社会服务项目中，双方呈现出科层导向的行为逻辑。而目标一致性、资源依赖度和监管嵌入性是造成社会服务项目激励与控制程度发生变化的三个重要因素。

社会服务项目制运行中控制与激励程度的不同，会导致基层政府与社会组织各自行为逻辑的不同：当目标一致性较强时，基层政府与社会组织受到的激励程度较高；当政府对社会组织的项目绩效依赖和专业性依赖较高时，政府为改变在权力分配中的不利地位而加强控制，反之则降低控制。同理，当政府对社会组织的政治性嵌入和结构性嵌入较高时，监管的嵌入性较强，因而控制程度也较强。

在社区探索型服务项目中，由于项目并未涉及政府政绩的关键领域，基层政府积极支持项目落实，较少对社会组织进行干预，呈现出“通过契约的合作”的特点，而社会组织则迅速把握机会，积极发挥专业特长，通过“突出质量”与“落实项目”来促进项目落地，双方呈现出市场导向的行为逻辑，这是由于此类项目中基层政府与社会组织的目标均为促进项目落地，因此双方受到较高激励；而基层政府对社会组织的专业性依赖与绩效依赖均较低，且对社会组织的政治性嵌入和结构性嵌入也较低，导致在项目运行中的弱控制。

在创新型社会服务项目中，由于社会组织借助项目创新的优势获得了较强的专业性，因此基层政府难以通过科层手段对社会组织进行干预，呈现出“通过合同的控制”特点，而社会组织利用自己的专业优势和信息的不对称展开对政府“敲竹杠”式的“反控制”，双方呈现出市场嵌入科层的行为逻辑。基层政府与社会组织均期望推进项目并使其成为政府社会治理创新的重点项目，双方因而受到强激励，但由于基层政府对社会组织的专业性依赖与项目绩效依赖均较强，这使基层政府加强了对社会组织的控制程度以改变权力关系中的不利地位。此外，基层政府对社会组织强政治嵌入和强结构性嵌入导致政府的监管力度也较强，这进一步加强了政府的控制力度。

在上下级政府共同推进的服务项目中，基层政府无法直接对社会组织进行控制，因此采用“通过合谋的合作”行动策略，而社会组织通过“配合与共谋”来获得合同外资源，双方呈现出科层嵌入市场的行为逻辑。这是因为多元参与主体间目标的不一致导致基层政府与社会组织间的弱激励；基层政府对社会组织的专业性依赖与绩效依赖均较低而使政府无太大动力对社会组织加强控制，弱政治性嵌入和结构性嵌入减弱了政府对社会组织监管的嵌入性，最终基层政府不得不与社会组织“合谋”来“反控制”上级政府。

在关系到综治维稳等领域的社会服务项目中，由于项目性质的特殊性，基层政府对社会组织进行“通过吸纳的控制”，社会组织为获取项目资源和组织合法性而“自愿被控”与“主动受嵌”。由于基层政府通过项目解决职能部门人员短缺问题的目标与社会组织获取稳定资金支持的目标不一致，导致对双方的激励不强；而政府对项目的强绩效依赖使其必须积极控制项目走向，且强政治嵌入和强结构嵌入导致基层政府对社会组织的监管嵌入性加强，由此加强了控制力度。

结论三：基层政府大力推行社会服务项目制的确对政府职能转移、社会服务的增量供给、提高社会组织的形式合法性和社会合法性起到一定作用。但社会服务项目制的运作并没有呈现出正式的合同关系特点，而是使政府与社会组织关系呈现出非良性运转的趋势，并对社会建设的长远目标造成了消极影响。

具体而言，一方面，相较于传统单位制模式，以项目形式进行社会服务供给更符合多样化的社会需求；专业化的服务手法较之于传统服务方式更易于使服务对象接受；在政府大力扶持和培育的过程中，社会组织获得组织的形式合法性且在社会服务项目不断推进过程中，社会组织的社会合法性也逐渐提升。

但另一方面，社会服务项目制运行中基层政府游走于科层与市场之间的行动策略及社会组织的策略性应对也产生了一定消极影响：通过契约建立的合作关系并未体现真正的合同关系，而呈现出正式契约的形式化，如招标中的倾向性选择、投标中的组织间合谋、项目落实中的唯指标化等；社会组织并未经历市场规律下的优胜劣汰，项目的专业化和不断细化造成了社会组织间的分化，组织间未形成良性的行业互动机制和实质性的竞争环境，这使社会组织间的发展呈现出“马太效应”，以政府社会治理创新为依托而开展的社会服务项目将部分社会组织与基层政府不断地捆绑在一起，双方互相获取绩效合法性，社会组织间呈现出“赢家通吃”的局面；社会服务并未突破现有的服务模式，而是呈现出社会服务内卷化特点，社会服务项目需求最终服务于基层政府绩效合法性，因而“有服务，无持续性”、大量的文书考核和缺乏弹性的考评体系导致服务项目“有服务，无质量”、多个创新型服务经过几年发展边际效益递减造成“有服务，无扩散、深化”。

综上所述，社会服务项目制是纵向权威模式和横向合同模式交叉运行的结果，介于科层与市场之间的社会服务项目制中，基层政府并未完全呈现出科层导向的行为逻辑，也未完全遵循合同外包的市场化逻辑，而是在科层与市场逻辑之间进行完美转换。这进一步说明基层政府的行为逻辑并非一成不变，因此，不能对政府的行为逻辑进行笼统性的概括。此外，社会组织并非完全没有主动性，在特定的项目领域，社会组织凭借政府对其强专业性依赖和项目绩效依赖展开反控制，以获得更多的资源。在项目的控制程度和激励程度不断发生变化的过程中，政府与社会组织之间的关系也在不断发生变化。对政府与社会组织关系的研究也必须跳出政府与社会组织之间单向度的分析，而要关注纵向政府间的关系。当上级政府加入项目运行时，由目标不一致所引发的激励程度也随之发生改变，这也成为决定基层政府改变策略的重要维度。因此，如何综合运用科层与合同逻辑使社会服务供给真正符合社会需求，是政府下阶段开展社会建设的重点。

第二节　进一步的讨论：对社会服务项目制下政社关系的反思

项目制溢出财政领域，成为贯通国家与社会的一种有效制度。处于碎片化的政府治理结构中的社会服务项目制成为动员政府与社会的重要工具，但围绕社会服务项目制产生的政府与社会组织关系并未呈现出良性运转的趋势。契约化的社会服务项目并未能直接约束基层政府的行为，反而在一定程度上成为政府控制社会组织的筹码。在社会发育不良的情况下，社会组织一方面没有足够实力与政府讨价还价，另一方面也未受到行业约束而提升专业性，虽然在有些项目领域社会组织通过政府对其专业性依赖和项目绩效依赖进行反控制，但这种反控制也是面对政府不同行为逻辑时的一种策略性选择。如何保证社会服务项目能在中国式官僚政治体系中正常运转，在晋升锦标赛、运动式治理和行政发包制的政治环境中，公共服务项目的推行究竟如何才能避免政府对社会组织的控制，以真正实现社会力量对公共事务的自主和平等参与，时至今日，仍是一个悬而未决和需要努力探讨的话题。为此，需要从以下三方面对社会服务项目制中的政府与社会组织关系进行反思：

第一，具有技术理性色彩的社会服务项目制的推行并未从根本上实现理性化。社会服务项目制是绩效合法性逻辑在社会服务领域的延续，基层政府通过技术化的社会服务项目制获得绩效合法性延续，但实际上却并未从根本上解决权威体制与有效治理的矛盾①。社会服务项目制运行的本质是基层政府应对权威制度环境而采取的权宜措施，这影响了社会组织参与社会建设的效果。正式的招投标程序、项目化的资金供给、独立的第三方评估和严密的监管体系，看似符合技术理性的行为逻辑，但在实际运行中

---

① 周雪光："权威体制与有效治理：当代中国国家治理的制度逻辑"，《开放时代》2011 年第 10 期，第 67－85 页。

却呈现出合同的形式化和项目的重复性。基层政府游走于科层与市场之间的行动策略，正好体现了政府在应对正式规则时的非正式行为，而社会组织则成为基层政府选择性行为的合作对象。尤其是当社会服务项目涉及多层级政府互动时，基层政府的这种行为更为明显，社会服务项目制也因此未能真正实现合理化和有效化。社会服务项目制虽然解决了部分社会需求，但并未从根本上解决社会矛盾；社会服务项目虽然层出不穷，但却呈现出“内卷化”的特点。因此，虽然技术理性在一定程度上有利于实现有效治理，但同时也必须警惕由此引发的其他问题，加强对技术治理细节的总体设计与监管可能是超越技术治理的必由之路①。

第二，社会服务项目制下政府与社会组织关系的良性运转必须注重社会服务项目的顶层设计。政府与社会组织关系良性运转的前提是：社会需求能够充分体现、社会组织充分发育、社会建设的多元参与制度得到完善。但从现实情况来看，社会组织的发育是在政府的扶持和控制中进行的，社会建设的相关制度还需完善，如若社会需求不能完全得到满足，政府与社会组织关系的非良性运转将持续存在。社会组织的良性发展并非仅仅依靠政府职能转移和资金支持就能完全实现，必须对社会服务进行长期性、总体性的规划才能为政府与社会组织关系的运转提供完善的制度环境②。而目前，大多数社会服务项目制的产生是基层政府创新社会治理的需求而并非源于公民的真实需求，上下级政府间的利益分割造成项目资源的重叠与浪费，同一层级政府部门的利益争夺造成项目分化与分割。“事本主义”的项目设计并未能触及社会问题的本质，项目目标被部门职能任务目标所取代，项目设计以职能部门需求而非社区实际需求为主，这导致大量社会服务项目并没有解决实际问题。社会建设是一项长期而又艰巨的任务，且社会服务是一种软性服务，这决定了要想回应长期性的社会问题，必须从总体上规划公共服务供给体系以保证社会服务的持续性。为

---

① 陈天祥、徐雅倩：“技术自主性与国家形塑 国家与技术治理关系研究的政治脉络及其想象”，《社会》2020 年第 5 期，第 137 – 168 页。

② 黄晓春：“中国社会组织成长条件的再思考——一个总体性理论视角”，《社会学研究》2017 年第 1 期，第 101 – 124 页。

此，需要从制度上进一步明确政府与社会组织的角色和定位，完善落实社会服务项目制的相关配套措施和法律法规，并建立相应的公众参与渠道以保证项目设计真正回应社会需求。

第三，社会服务项目制下的政府与社会组织关系并非一成不变，制度环境的变化会不断影响政社双方的行为逻辑。已有关于政府与社会组织关系的研究大多从国家—社会二元分析视角出发，突出了结构化要素对政府与社会组织关系的影响。在此之后，关于政府与社会组织关系的研究视角转向分类控制及其衍生视角。但随着社会服务项目制的不断深化，分类控制显然已经不足以解释目前政府与社会组织关系的特征。为此，更多学者从“过程—事件”视角出发，试图通过微观策略研究来展示具体环境下的政府与社会组织行动策略。但不论是“结构—制度”视角或者“过程—事件”视角，都未能完整呈现社会服务项目制中基层政府与社会组织不断变化的行动策略。事实上，基层政府所处的复杂制度环境既会在结构上影响政府与社会组织各自的权力分配状态，也会在微观层面影响双方的行动策略和机制①。对政府与社会组织关系的研究应该既关注宏观制度结构中双方的定位，也注意分析具体微观环境中的行为逻辑。社会服务项目制下基层政府与社会组织在不同的项目中所处的制度环境不同，各自的行为逻辑也不同。本书试图从社会服务项目制视角分析，以呈现出特定结构下政府与社会组织的行动过程。事实证明，政府与社会组织并非处于同一种关系形态中，随着外在制度环境的变化，双方的行为逻辑也会不断发生变化。对社会组织自主性的研究必须跳出“国家与社会”单一维度的自主性分析框架，转而关注制度环境和复杂的政府结构对组织行为的影响②，以搭建出能够回应中国场景中的政府与社会组织关系的理论框架。

需要指出的是，本书的结论显示基层政府在与社会组织进行合作的过程中进行选择性的控制，但这与“分类控制”所指向的内涵存在本质上的

---

① 张紧跟：“从结构论证到行动分析：海外中国 NGO 研究述评”，《社会》2012 年第 3 期，第 198 - 223 页。

② 纪莺莺：“当代中国的社会组织：理论视角与经验研究”，《社会学研究》2013 年第 5 期，第 219 - 241 页。

不同。本书特指基层政府在不同的项目环境下有选择地采取控制策略或合作策略，而分类控制仅仅在静态的结构中讲明特定环境中政府对不同类型的社会组织所持的态度。此外，大的政策背景也会改变具体时期的政府与社会组织的关系形态，有别于“行政吸纳社会”或“控制与赋权”，本书强调的是更为微观的层面，力图呈现出在现有的政策背景下社会服务项目运行中政府与社会组织之间动态演变的关系形态。此外，不论是行政发包制还是财政领域项目制的研究，都仅仅从概念上界定为介于科层与市场之间的一种中间形态，但并未对其进行进一步细分。本书的研究结论表明，即便是作为一种混合形态，在相关要素发生变化的情况下，社会服务项目制下的基层政府与社会组织也会呈现出科层嵌入市场或市场嵌入科层两种不同的行为逻辑，这种差异化的行为逻辑正好从微观层面显示出政府内部的治理逻辑。

第三节　研究不足与研究展望

第一，本研究案例选择的适用性问题。本书选择的社会服务项目发生在珠江三角洲辐射下的较发达地区 H 街道。H 街道是 F 市 N 区的政治、经济、文化中心，财政实力雄厚，经济基础扎实。其经济实力与人口压力甚至超过 F 市的某些区政府。由于街道经济发展迅速，外来人口众多，因而社会矛盾和社会问题突出。此外，H 街道党政一把手具有较高的改革创新意识，在“关爱 H 城”建设筹划阶段，多次赴中国香港特别行政区、新加坡考察学习，因而较早启动社会治理创新。独特的经济社会状况与具有革新精神的领导班子致使 H 街道具有开展社会治理创新的内部动因和外部条件，基层政府具有较雄厚的财力用于购买社会服务并进行社会服务项目的探索，H 街道也因而被选为 F 市社会治理创新的试点单位，成为 N 区社会治理创新的“研发地”。因此，较之于同等级别的基层政府，H 街道所面临的制度环境更为复杂、社会问题更为突出、治理创新的需求也更加迫切，这一方面为社会服务项目制中政府与社会组织行为的类型学划分提供了丰富的素材，另一方面也突出了H街道的特殊性。因此，在经济实力并未如此雄厚、社会矛盾并不突出的其他基层政府，当社会服务项目领域并非如此丰富、基层政府与社会组织所处的制度环境较为简单时，社会服务项目制的运行结果是否能呈现如本书所得出的研究结论还有待检验。

第二，本书所研究的政府与社会组织关系中，社会组织主要是指承接政府社会服务项目的社会服务机构与社会团体。社会组织要想承接H街道政府的社会服务项目，必须在H街道所属的N区民政局注册，区别仅为社工机构注册为社会服务机构，而志愿者组织一般注册为社会团体，但二者在承接项目、落实项目和基层政府对其监管的过程中并无本质区别。因此，本书在分析中为一般化研究对象而采用社工机构一词代替。但从广义的社会组织概念来讲，行业协会、基金会、事业单位等也都属于社会组织的范畴，且不同类型的社会组织所体现的政治敏感度和政策环境不同。行业协会、商会等其他社会团体、基金会或未注册的草根组织等承接社会服务项目是否会呈现出不同的行为逻辑，还需要在后续研究中进一步加以区分。本书并非哲学意义上韦伯式的类型学分析，而是基于经验的类型学划分，因此，为实现概念化和理论抽象暂未对以上所有类型的社会组织进行区分，本书所研究的社会组织也并非可以涵盖所有的社会组织类型。

第三，本书作为一项社会服务项目制下政府与社会组织关系的探索性研究，试图对社会服务项目制及其影响下的政府与社会组织行动策略进行概念化，并未对基层政府部门进行细分而是将基层政府作为整体来分析，以更好地进行类型划分。但实际研究中，基层政府部门在对待社会服务项目制的积极性上存在一定的差异。本书在分析社会服务项目制的影响时也涉及部门间的利益分割会导致项目的不断细化和重叠。分析中还发现，在基层政府通过资源整合和成立协调组织进行社会服务项目制建设时，有些政府部门对社会服务项目制的积极性较高（如街道工会、妇联、团委等群团组织），而有些政府部门（如经济促进局、组织办等）对社会服务项目的积极性偏低。这说明横向政府部门对在社会服务项目制运行中会呈现不同的行为逻辑，那么不同部门参与社会服务项目制的机制是什么？这种机制是否会对政府与社会组织关系产生影响？这些问题需要在后续研究中进一步跟进。

第四，社会组织自身结构形态和资源动员能力如何影响社会组织在社会服务项目制中的行为逻辑，也是一个值得探讨的问题。现实中发现，在社会服务项目运作中，因缺乏项目落地的配套制度而导致项目运作效果大打折扣。如 H 街道的医务社工服务项目中，对长期病患的个案追踪往往因社区支持网络的匮乏而导致个案效果受到影响，但有些社会组织却可以凭借自身的社会资源网络完成项目。这说明不同的社会组织在动员社会资源、建构社会网络、实现政治关联等方面会呈现出不同的结构特点，有学者已经分析，组织自身的凝聚力和表达社会利益的能力确实会影响国家与行业协会之间的关系①。那么这种结构性的因素对社会服务项目运行的影响机制是什么？这些特点是否会影响社会服务项目制下的基层政府与社会组织间的合作关系？不同组织之间的竞争力度是否会影响项目的激励程度？

第五，关于社会服务项目制与基层政府绩效之间的关系，在本书的分析中已经有所体现，但如果能使用较为完整的统计数据对这种影响进行宏观检验，则会得出更具有普遍意义的结论。目前关于社会服务项目制下基层政府与社会组织各自行为策略的研究总体而言大部分以单个案例研究为主，本书通过四个社会服务项目分别对基层政府与社会组织的行动策略进行类型学划分，是一个初步的探索，希望随着社会组织相关数据库的不断完善，能有更多研究从量化角度对社会服务项目制下的政府与社会组织关系进行探索。

社会服务项目将会继续成为未来很长一段时间内基层政府与社会组织关系演变的媒介，本书仅仅是对社会服务项目制视角下政府与社会组织关系研究的初步探索，而不同地域形态、不同组织类型、不同财政支持力度下的社会服务项目制中基层政府与社会组织的行为逻辑会发生何种变化，都需要在后续研究中进一步深化。

---

① 纪莺莺："转型国家与行业协会多元关系研究——一种组织分析的视角"，《社会学研究》2016 年第 2 期，第 149－169 页。

参考文献

1. Barney J. , Hesterly W. , Organization Economics: Understanding the Relationship between Organizations and Economic Analysis. In Clegg S. & Hardy C. Eds. Studying organization: Theory and method. *London*: *Sage Publications*, 1999.

2. Benjamin Gidron, Ralph M. Kramer, Lester M. Salamon. (eds.), Government and the Third Sector: Emerging Relationships in Welfare States. San Francisco: Jossey - Bass, 1992: 18.

3. Cyert R. M. , James G. , A Behavioral Theory of the Firm, Blackwell Business, 1963: 108.

4. Frolic B. M. , State - Led Civil Society. in Timothy Brook & B. Michael Frolic (eds.), Civil Society in China. *New York*: *M. E. Sharp*, 1997.

5. Geertz, Clifford, Agricuitural Involution: The Process of Ecological Change in Indonesia. Berkeley: University of California Press. 1963: 25.

6. Gwartney J. , Less Government, More Growth. *Wall Street Jounral*, 1998, 231 (70): A10.

7. King G. , Keohane R. O. , Verba S. , Designing Social Inquiry: Scientific Inference in Quartative Research, Princeton University Press. 1994: 76.

8. Kingdon John W. , Agendas, Alternatives, and Public Policies, New York: HarperCollins College Publishers, 1995: 158.

9. Lawrence L. Martin, John R. Miller, Contracting for Public Sector Service. , Inc (NIGP), 2006: 332.

10. Pfeffer J. , Salancik R. , The External Control of Organizations: A Resource Dependence Perspeictive. Stanford, CA: Stanford University Press, 2003: 25.

11. Scott, W. Richard, Martin R. , Peter J. Mendel, and Carol A. Caronna, Institutional Change and Healthcare Organizations: From Professional Dominance to Managed Care. *Chicago: University of Chicago Press*, 2000: 237.

12. Scott, W. Richard, Organizations: Rational, Natural and Open Systems, 5th ed. *Upper Saddle River, NJ: Prentice Hall*, 2003: 213 – 214.

13. Thompson, J. D. , Organizations in Action, New York: McGraw – Hill, 1967: 105.

14. Weber, M. , Economy and Society: An Interpretive Sociology, 3 vols, edited by Guenther Roth and Class Wittich. *New York: Bedminister Press*, 1968.

15. White G. , Howell J. and Shang Xiaoyuan, In Search of Civil Society: Market Reform and Social Change in Contemporary China. *Oxford: Clarendon Press*, 1996.

16. Anselm Strauss, Juliet Corbin 著，徐宗国译：《质性研究概论》，图书公司 2000 年版，第 18 – 40 页。

17. 陈向明：《质的研究方法与社会科学研究》，教育科学出版社 2001 年版，第 100 – 412 页。

18. 陈为雷：《社会服务项目制的建构及其影响研究》，中国社会科学出版社 2015 年版，第 119 页。

19. [德] 阿恩海姆：《走向艺术心理学》，加利福尼亚大学出版社 1966 年版，第 309 页，转引自陈向明著：《质的研究方法与社会科学研究》，教育科学出版社 2001 年版，第 227 页。

20. [德] 哈贝马斯著，刘北成、曹卫东译：《合法化危机》，上海人民出版社 2009 年版，第 7 页。

21. [德] 马克思·韦伯著，阎克文译：《经济与社会》（第 2 卷），上海译文出版社 2010 年版，第 1039 – 1161 页。

22. [法] 埃米尔·涂尔干著，渠东译：《社会分工论》，生活·读书·

新知三联书店2000年版。

23. 风笑天：《社会学研究方法》，中国人民大学出版社2005年版。

24. 高勇、吴莹：《国家与社会：“强国”与“新民”的重奏》，中国社会科学出版社2014年版，第103－134页。

25. 黄宗智：《长江三角洲的小农家庭与乡村发展》，载黄宗智著，《明清以来的乡村社会经济变迁：历史、理论与现实》（第2卷），法律出版社2013年版，第10页。

26. ［荷］皮特·何、［美］瑞志·安德蒙编，李婵娟译：《嵌入式行动主义在中国：社会运动的机遇与约束》，社会科学文献出版社2012年版，第12页。

27. 敬乂嘉：《合作治理：再造公共服务的逻辑》，天津人民出版社2009年版，第25－70页。

28. 李萍：《中国政府间财政关系图解》，中国财政经济出版社2006年版，第15－50页。

29. 林聚任、刘玉安：《社会科学研究方法》，山东人民出版社2004年版，第205页。

30. ［美］E. S. 萨瓦斯著，周志忍等译：《民营化与PPP模式：推动政府和社会资本合作》，中国人民大学出版社2015年版，第3－9页。

31. ［美］E. S. 萨瓦斯著，周志忍等译：《民营化与公私部门的伙伴关系》，中国人民大学出版社2002年版，第60－90页。

32. ［美］W. 理查德·斯科特、杰拉尔德·F. 戴维斯著，高俊山译：《组织理论：理性、自然与开放系统的视角》，中国人民大学出版社2011年版，第210页。

33. ［美］W. 理查德·斯科特著，姚伟、王黎芳译：《制度与组织——思想观念与物质利益》（第3版），中国人民大学出版社2010年版，第59－60页。

34. ［美］道格拉斯·C．诺思著，杭行译，韦森译审：《制度、制度变迁与经济绩效》，格致出版社：上海人民出版社2014年版，第39－41页。

35. ［美］杜赞奇著，王福明译：《文化、权力与国家——1900—1942年的华北农村》，江苏人民出版社2003年版，第211－217页。

36. ［美］菲利普·库珀著，竺乾威、卢毅、陈卓霞译，竺乾威校：《合同制治理：公共管理者面临的挑战与机遇》，复旦大学出版社2007年版，第46－53页。

37. ［美］孔飞力著，陈兼、刘昶译：《叫魂：1768年中国妖术大恐慌》，生活·读书·新知三联书店2014年版，第20－320页。

38. ［美］莱斯特·M. 萨拉蒙著，贾西津、魏玉等译：《全球公民社会：非营利部门视界》，社会科学文献出版社2007年版，第3页。

39. ［美］李·G. 鲍曼和特伦斯·E. 迪尔著，桑强、高杰英译：《组织重构艺术、选择及领导》，高等教育出版社2005年版，第60－61页。

40. ［美］罗伯特·K. 威索基著，费琳译：《有效的项目管理：面向传统、敏捷、极限项目》（第5版），电子工业出版社2011年版，第15－17页。

41. ［美］马丁·鲍威尔著，钟晓慧译，岳经纶校：《理解福利混合经济》，北京大学出版社2011年版，第250－260页。

42. ［美］乔尔·S. 米格代尔著，李杨、郭一聪译：《社会中的国家：国家与社会如何相互改变与相互构成》，江苏人民出版社2013年版，第10－30页。

43. ［美］威廉姆森（Williamson, O. E.）著，蔡晓月、孟俭译：《市场与层级制：分析与反托拉斯含义》，上海财经大学出版社2011年版，第95－120页。

44. ［美］詹姆斯·汤普森著，敬乂嘉译：《行动中的组织：行政理论的社会科学基础》，上海人民出版社2007年版，第203页。

45. 荣敬本、崔之元：《从压力型体制向民主合作的转变：县乡两级政治体制改革》，中央编译出版社1998年版，第25－100页。

46. 沈原、孙五三：《制度的"形同质异"与社会团体的发育——以中国青基会及其对外交往活动为例》，载中国青少年发展基金会编《处于十字路口的中国社团》，天津人民出版社2000年。

47. 孙立平：《“过程—事件分析”与对当代中国农村社会生活的洞察》，载王汉生、杨善华主编：《农村基层政权运行与村民自治》，中国社会科学出版社 2001 版，第 354 页。

48. 谭建光、罗坚华：《中国关爱——当代中国的社会建设与志愿服务》，中国社会出版社 2012 年版，第 68 页。

49. 王浦劬：《政府向社会组织购买公共服务研究：中国与全球经验分析》，北京大学出版社 2010 年版，第 64 –66 页。

50. ［英］波兰尼著，黄树民译：《巨变：当代政治与经济的起源》，社会科学文献出版社 2013 年版，第 25 页。

51. 郁建兴等：《民间商会与地方政府：基于浙江省温州市的研究》，经济科学出版社 2006 年版。

52. 张静：《法团主义》，中国社会科学出版社 2005 年版，第 30 –45 页。

53.《〈中共中央关于加强党的执政能力建设的决定〉辅导读本》，人民出版社 2004 年版，第 25 页。

54. 周黎安：《转型中的地方政府：官员激励与治理》，格致出版社和上海人民出版社 2008 年版，第 54 –66 页。

55. 周雪光：《组织社会学十讲》，社会科学文献出版社 2003 年版，第 78 页。

56. 周志忍：《当代国外行政改革比较研究》，国家行政学院出版社 1999 年版，第 23 页。

57. 余晖：《行业协会及其在中国的发展：理论与案例》，经济管理出版社 2002 年版，第 56 页。

58. Anna Y. N. , Stuart B. , The Decision to Contract out: A Study of Contracting for E –Government Services in State Governments. *Public Administration Review*, 2007, 67 (3): 541.

59. Boycko M. , Shleifer A. , and Vishny R. W. , A Theory of Privatization. *Economic Journal*, 1996, 106: 318.

60. Chan A. , Revolution or Corporatism? Workers and Trade Unions in

Post – Mao China, *The Australian Journal of Chinese Affairs*, 1993, 29: 31 –61.

61. Child J. , Organizational Structure, Environment, and Performance: the Role of Strategic Choice. *Sociology*, 1972, 6: 1 –22.

62. Casciaro, T. and Piskorsk, M. J. , Power Imbalance, Mutual Dependence, and Constraint Absorption: A Closer Look at Resource Dependence Theory. *Administrative Science Quarterly*, 2005, 50 (2): 167 –199.

63. Dehoog R. H. , Evaluating Human Services Contracting: Managers, Professionals, and Politicos. *State& Local Government Review*. 1986, 18 (1): 37 –38.

64. Davis J. H. , Donaldson L. , Schoorman F. D. , "Toward a stewardship theory of management" . *Academy of Management Review*, 1997, 22 (1): 20 –41.

65. Epstein, E. M. , Business Political Activity: Research Approaches and Analytical Issues. *Research in Corporate Social Performance and Policy*, 1980, 2: 155.

66. Emerson Richard M. , Power – Dependence Relations, *American Sociological Review*, 1962, 27: 31 –40.

67. Feiock Richard and Simon Andrew, Introduction: Understanding the Relationships Between Nonprofit Organizations and Local Governments. *International Journal of Public Administration*, 2006, 29 (10): 759 –767.

68. Gannovetter M. , Economic Action and Social Structure: The Problem of Embeddness. *American Journal of Sociology*, 1985, 91 (3): 504 –507.

69. Hart O. , Moore J. , Property Rights and the Nature of the Firm, *Journal of Political Economy*, 1990, 98 (6): 1121 –1122.

70. Hart O. , Shleifer A. and Vishny R. W. , The Proper Scope of Government: Theory and an Application to Prisons, *Quarterly Journal of Economics*, 1997, 112 (4): 1128.

71. Hedberg Bo L. T. , Nystrom Paul C. and Starbuck William H. , Camping on Seesaws: Perscriptions for a Self – Desiging Orgnization, *Administrative*

Science Quarterly, 1976, 21 (1): 41 –65.

72. Human Sherrie E. , Provan Keith G. , Legitimacy Building in the Evolution of Small – Firm Multilateral Networks: A Comparative Study of Success and Demise, *Administrative Science Quarterly*, 2000, 45 (2): 327 –365.

73. Kang Xiaoguang, Han Heng, Administrative Absorption of Society: A Further Probe into the State – Society Relationship in Chinese Mainland, *Social Sciences in China*, 2007, 2: 116 –128.

74. Jean C. Oi. , Fiscal Reform and the Economic Foundations of Local State Corporatism in China. *World Politics*, 1992, 45 (1): 99 –126.

75. Lawrence L. M. , Performance – based Contracting for Human Services: A Proposed Model. *Public Administration Quarterly*, 2007, 31 (1/2): 130 – 158.

76. Najam A. , The Four – C′s of Third Sector – Government Relations. *Nonprofit Management and Leadership*, 2000, 10 (4): 382 –384.

77. O'Brien K. J. , Li Lianjiang, Selective Policy Implementation in Rural China, *Comparative Politics*, 1999, 31 (2): 167 –186.

78. Oliver C. , Nerwork Relations and Loss of Organizational Autunomy. *Human Relations*, 1991, 44: 943 –961.

79. Oliver C. , Strategic Responses to Insititutional Processes. *Academy of Management Review*, 1991, 16: 145 –179.

80. Perry J. Elizabeth, Labor′s Battle for Political Space: The Role of Worker Associations in Contemporary China, In Davis, Kraus Naughton, and Perry, Eds. *Urban Spaces in Contemporary China*, 1994: 302 –325.

81. Prahalad C. K. , Hamel G. , The Core Competence of the Corporation, *Harvard Business Review*, 1990, 68 (3): 79 –91.

82. Saich T. , Negotiating the State: The Development of Social Organizations in China, *The China Quarterly*, 2000, 161: 124 –141.

83. Schmitter P. C. , Still the Century of Corporatism? The Review of Politics. *The New Corporatism: Social and Political Structures in the Iberian World.*

1974, 36 (1): 85 -131.

84. Sobel J. , Information Control in the Principal - Agent Problem, *International Economic Review*, 1993, 34 (2): 259 -269.

85. Spires Anthony J. , Contingent Symbiosis and Civil Society in an Authoritarian State: Understanding the Survival of China' s Grassroots NGOs, *American Journal of Sociology* , 2011, 117 (1): 1 -45.

86. Suchman Mark C. , Managing Legitimacy: Strategic and Insititutional Approaches. *Academy of Management Review*, 1995, 20: 571 -610.

87. Tsai L. , Solidary Groups, Informal Accountability, and Local Public Goods Provision in Rural China. *American Political Science Review*, 2007, 101 (2): 356.

88. Unger J. , Bridges: Private Business, the Chinese Government and the Rise of New Associations. *The China Quarterly*, 1996, 147 (9): 795 -819.

89. Unger J. , Chan A. , China, Corporatism, and the East Asian Model. *The Australian Journal of Chinese Affairs*, 1995, 33: 29 -53.

90. Vanslyke D. M. , The Mythology of Privatization in Contracting for Social Services. *Public Administration Review*, Vol. 2003, 63 (3): 307 -308.

91. VanSlyke D. M. , Agents or Stewards: Using Theory to Understand the Government - Nonprofit Social Service Contracting Relationship, *Journal of Public Administration Research and Theory*, 2007, 17 (2): 157 -187.

92. White Gordon, Prospects for Civil Society in China: A Case Study of Xiaoshan City, *The Australian Journal of Chinese Affairs*, 1993, 29: 63 -87.

93. Williamson O. E. , Public and Private Bureaucracies: A Transaction Cost Economics Perspective. *Journal of Law*, *Economics*, *& Organization*, 1999, 15 (1): 312 -314. (JLEO Bureaucracy Conference) .

94. Zhang Xin, Richard B. , Civil Society and the Anatomy of a Rural NGO, *The China Journal* , 2004, 52: 97 -107.

95. 曹龙虎:"迈向'项目中国':项目制与国家建设",《南京社会科学》2016 年第 1 期, 第 77 -84 页。

96. 曹正汉:“中国上下分治的治理体制及其稳定机制”,《社会学研究》2011 年第 1 期,第 1－40 页。

97. 蔡宁:“政府会影响非营利组织与企业的合作吗?”,《公共行政评论》2015 年第 5 期,第 114－128 页。

98. 陈家建:“法团主义与当代中国社会”,《社会学研究》2010 年第 2 期,第 30－43 页。

99. 陈家建:“项目制与基层政府动员——对社会管理项目化运作的社会学考察”,《中国社会科学》2013 年第 2 期,第 64－79 页。

100. 陈家建、张琼文、胡俞:“项目制与政府间权责关系演变:机制及其影响”,《社会》2015 年第 5 期,第 1－24 页。

101. 陈水生:“项目制的执行过程与运作逻辑——对文化惠民工程的政策学考察”,《公共行政评论》2014 年第 3 期,第 133－156 页。

102. 陈天祥、高锋:“中国国家治理结构演进路径解析”,《华南师范大学学报》(社会科学版)2014 年第 4 期,第 12－22 页。

103. 陈天祥、徐雅倩:“技术自主性与国家形塑 国家与技术治理关系研究的政治脉络及其想象”,《社会》2020 年第 5 期,第 137－168 页。

104. 陈天祥、徐于琳:“游走于国家与社会之间:草根志愿组织的行动策略——以广州启智队为例”,《中山大学学报》2011 年第 1 期,第 155－168 页。

105. 陈天祥、郑佳斯:“双重委托代理下的政社关系:政府购买公共服务的新解释框架”,《公共管理学报》2016 年第 3 期,第 36－48 页。

106. 陈为雷:“从关系研究到行动策略研究——近年来我国非营利组织研究述评”,《社会学研究》2013 年第 1 期,第 228－240 页。

107. 崔正、王勇、魏中龙:“政府购买服务与社会组织发展的互动关系研究”,《中国行政管理》2012 年第 8 期,第 48－51 页。

108. 邓宁华:“寄居蟹的艺术:体制内社会组织的环境适应策略——对天津市两个省级组织的个案研究”,《公共管理学报》2011 年第 7 期,第 91－101 页。

109. 杜春林、张新文:“项目制动员的碎片化及其治理研究——基于

S 县后扶项目的实证考察”,《甘肃行政学院学报》2015 年第 5 期, 第 39 - 50 页。

110. 范明林:“非政府组织与政府的互动关系——基于法团主义和市民社会视角的比较个案研究”,《社会学研究》2010 年第 3 期, 第 159 - 176 页。

111. 方世建、魏小燕:“合作研发中的敲竹杠问题研究”,《运筹与管理》2010 年第 6 期, 第 176 - 180 页。

112. 费显政:“资源依赖学派之组织与环境关系理论评介”,《武汉大学学报》(哲学社会科版) 2005 年第 4 期, 第 452 页。

113. 冯仕政:“中国国家运动的形成与变异:基于政体的整体性解释”,《开放时代》2011 年第 1 期, 第 73 - 97 页。

114. 付伟、焦长全:“‘协调型’政权:项目制运作下的乡镇政府”,《社会学研究》2015 年第 2 期, 第 98 - 123 页。

115. 高丙中:“社会团体的合法性问题”,《中国社会科学》2000 年第 2 期, 第 100 - 109 页。

116. 耿紫珍、刘新梅、杨晨辉:“战略导向、外部知识获取对组织创造力的影响”,《南开管理评论》2012 年第 4 期, 第 15 - 27 页。

117. 宫希魁:“地方政府公司化倾向及其治理”,《财经问题研究》2011 年第 4 期, 第 3 - 11 页。

118. 顾昕、王旭:“从国家主义到法团主义——中国市场转型过程中国家与专业团体关系的演变”,《社会学研究》2005 年第 2 期, 第 155 - 175 页。

119. 管兵:“政府向谁购买服务:一个国家与社会关系的视角”,《公共行政评论》2016 年第 1 期, 第 131 - 150 页。

120. 管兵、夏瑛:“政府购买服务的制度选择及其治理效果:项目制、单位制、混合制”,《管理世界》2016 年第 6 期, 第 58 - 72 页。

121. 管兵、岳经纶:“双重合法性和社会组织发展——以北京市 19 个小区的业主委员会为例”,《广西民族大学学报》(哲学社会科学版) 2014 年第 5 期, 第 147 - 151 页。

122. 桂华："项目制与农村公共品供给体制分析——以农地整治为例"，《政治学研究》2014 年第 4 期，第 50－62 页。

123. 何磊："政府购买社会组织服务的项目制治理研究"，《哈尔滨市委党校学报》2015 年第 5 期，第 79－84 页。

124. 和经纬、黄培茹、黄慧："在资源与制度之间：农民工草根 NGO 的生存策略——以珠三角农民工维权 NGO 为例"，《社会》2009 年第 6 期，第 1－21 页。

125. 何显明："绩效合法性的困境及其超越"，《浙江社会科学》2004 年第 5 期，第 6 页。

126. 何艳玲、周晓峰、张鹏举："边缘草根组织的行动策略及其解释"，《公共管理学报》2009 年第 1 期，第 48－54 页。

127. 侯志伟："政府购买公共服务的竞争性分析框架及制度机制——基于 S 市经验的案例研究"，《中国行政管理》2016 年第 7 期，第 57－63 页。

128. 黄晓春、稽欣："非协同治理与策略性应对——社会组织自主性研究的一个理论框架"，《社会学研究》2014 年第 6 期，第 98－123 页。

129. 黄晓春："中国社会组织成长条件的再思考——一个总体性理论视角"，《社会学研究》2017 年第 1 期，第 101－124 页。

130. 黄宗智、龚为纲、高原："'项目制'的运作机制和效果是'合理化'吗?"，《开放时代》2014 年第 5 期，第 143－159 页。

131. 纪莺莺："当代中国的社会组织：理论视角与经验研究"，《社会学研究》，2013 年第 5 期。

132. 纪莺莺："当代中国的社会组织：理论视角与经验研究"，《社会学研究》2013 年第 5 期，第 219－241 页。

133. 江华、张建民、周莹："利益契合：转型期中国国家与社会关系的一个分析框架——以行业组织政策参与为案例"，《社会学研究》2011 年第 3 期，第 136－152 页。

134. 敬乂嘉："控制与赋权：中国政府的社会组织发展策略"，《学海》2016 年第 1 期，第 22－33 页。

135. 敬乂嘉："社会服务中的公共非营利合作关系研究——一个基于地方改革实践的分析"，《公共行政评论》2011年第5期，第7-10页。

136. 康晓光、韩恒："分类控制：当前中国大陆国家与社会关系研究"，《社会学研究》2005年第6期，第73-89页。

137. 孔卫拿："乡村建设过程中的项目内卷化负债——基于安徽G县的调研与思考"，《甘肃行政学院学报》2014年第4期，第49-64页。

138. 李元珍："对抗、协作与共谋：条块关系的复杂互动"，《广东社会科学》2015年第6期，第201-210页。

139. 李祖佩："项目制基层实践困境及其解释——国家自主性的视角"，《政治学研究》2015年第5期，第111-122页。

140. 李祖佩："项目制的基层解构及其研究拓展——基于某县涉农项目运作的实证分析"，《开放时代》2015年第2期，第123-142页。

141. 刘鹏："从分类控制走向嵌入型监管：地方政府社会组织管理政策创新"，《中国人民大学学报》2011年第5期，第91-99页。

142. 刘凤芹、王姚瑶："声誉机制与默认合约：一个'敲竹杠'治理方案的实证比较"，《社会科学战线》2013年第11期，第55-59页。

143. 龙丽宁："从垄断走向非竞争性合同外包的公共安全供给——以上海浦东为例"，《中国人民公安大学学报》（社会科学版）2010年第5期，第99-106页。

144. 吕纳："公共服务购买中政府制度逻辑与行动策略研究"，《公共行政评论》2016年第4期，第45-63页。

145. 骆正林："转型期中国社会结构的演变趋势"，《华南农业大学学报》（社会科学版）2013年第1期，第127-134页。

146. 欧阳静："论基层运动型治理——兼与周雪光等商榷"，《开放时代》2014年第6期，第180-190页。

147. 裘旋："社会服务项目化运作对基层社区社会工作发展的意义探究——以上海市Z区为例"，《社会工作》2012年第5期，第68-71页。

148. 渠敬东、周飞舟、应星："从总体性支配到技术治理——基于中国30年改革经验的社会学分析"，《中国社会科学》2009年第6期，第

107 页。

149. 渠敬东：“项目制：一种新的国家治理体制”，《中国社会科学》2012 年第 5 期，第 113－130 页。

150. 史普原：“科层为体、项目为用：一个中央项目运作的组织探讨”，《社会》2015 年第 5 期，第 25－59 页。

151. 史普原：史普原：“政府组织间的权责配置——兼论‘项目制’”，《社会学研究》2016 年第 2 期，第 123－148 页。

152. 石亚军、高红：“政府在转变职能中向市场和社会转移的究竟应该是什么”，《中国行政管理》2015 年第 4 期，第 32－36 页。

153. 孙立平、王汉生、王思斌、林斌、杨善华：“改革以来中国社会结构的变迁”，《中国社会科学》1994 年第 2 期，第 47－62 页。

154. 宋宇文、刘旺洪：“国家治理现代化进程中的政府职能转移的本质、方式和路径”，《学术研究》2016 年第 2 期，第 75－81 页。

155. 唐文玉：“行政吸纳服务：中国大陆国家与社会关系的一种新诠释”，《公共管理学报》2010 年第 1 期，第 13－19 页。

156. 唐文玉：“如何审视中国社会组织与政府关系”，《公共行政评论》2012 年第 4 期，第 145－162 页。

157. 田凯：“非协调约束与组织运作——一个研究中国慈善组织与政府关系的理论框架”，《中国行政管理》2004 年第 5 期，第 88－95 页。

158. 田毅鹏、苗延义：“‘吸纳’与‘生产’：基层多元共治的实践逻辑”，《南通大学学报》（社会科学版）2020 年第 1 期，第 82－88 页。

159. 王丛虎：“政府购买公用服务与行政法规制”，《中国行政管理》2013 年第 9 期，第 34－37 页。

160. 王汉生、王一鸽：“目标管理责任制：农村基层政权的实践逻辑”，《社会学研究》2009 年第 2 期，第 61－92 页。

161. 王绍光、何建宇：“中国的社团革命——中国人的结社版图”，《浙江学刊》2004 年第 6 期，第 71－77 页。

162. 王诗宗、宋程成：“独立抑或自主——中国社会组织特征问题重思”，《中国社会科学》2013 年第 5 期，第 50－66 页。

163. 王诗宗、宋程成、许鹿："中国社会组织多重特征的机制性分析"，《中国社会科学》2014 年第 12 期，第 42－59 页。

164. 王向民："中国社会组织的项目制治理"，《经济社会体制比较》2014 年第 5 期，第 130－140 页。

165. 王学军、韩志青、蔡丰泽："政府绩效合法性与公共价值创造——第四届政府绩效管理与绩效领导国际学术会议综述"，《中国行政管理》2016 年第 4 期，第 157－159 页。

166. 温静："中国社会中间阶层的发展和问题"，《社会》2003 年第 7 期，第 17－19 页。

167. 魏淑艳，孙峰："'多源流理论'视阈下网络社会政策议程设置现代化——以出租车改革为例"，《公共管理学报》2016 年第 2 期，第 1－13 页。

168. 吴建平："理解法团主义——兼论其在中国国家与社会关系研究中的适用性"，《社会学研究》2012 年第 1 期，第 174－198 页。

169. 吴月："吸纳与控制：政府购买社会服务背后的逻辑"，《上海行政学院学报》2015 年第 6 期，第 75－83 页。

170. 吴月："政社关系的理论谱系与研究前景——以政府购买公共服务为视角"，《广西社会科学》2016 年第 9 期，第 147－152 页。

171. 肖瑛："从'国家与社会'到'制度与生活'：中国社会变迁研究的视角转换"，《中国社会科学》2014 年第 9 期，第 88－104 页。

172. 徐佳良、许源："合法性理论下政府购买社会组织服务的绩效评估研究"，《经济与社会体制比较》2015 年第 6 期，第 187－195 页。

173. 许鹿、李云："社会组织在政治关联中的自主性生产何以可能？——评《跨部门协同中非营利组织自主性的形成机制》"，《公共管理学报》2013 年第 4 期，第 12－14 页。

174. 徐勇、黄辉祥："目标责任制：行政主控型的乡村治理及绩效——以河南 L 乡为个案"，《学海》2002 年第 1 期，第 10－15 页。

175. 徐宇珊："非对称性依赖：中国基金会与政府关系研究"，《公共管理学报》2008 年第 1 期，第 33－40 页。

176. 杨宝：“治理式吸纳：社会管理创新中政社互动研究”，《经济与社会体制比较》2014 年第 7 期，第 201 – 209 页。

177. 杨超：“机构改革中政府的职能转变和权力转移”，《云南行政学院学报》2000 年第 1 期，第 50 – 52 页。

178. 杨宏星、赵鼎新：“绩效合法性与中国经济奇迹”，《学海》2013 年第 3 期，第 16 页。

179. 杨欣：“政府、社会、市场——论中国政府职能转移的框架”，《经济体制改革》2008 年第 1 期，第 30 – 34 页。

180. 姚华：“NGO 与政府合作中的自主性何以可能？——以上海 YMCA 为个案”，《社会学研究》2013 年第 1 期，第 21 – 42 页。

181. 尹利民：“也论项目制的运作与效果——兼与黄宗智等先生商榷”，《开放时代》2015 年第 2 期，第 143 – 156 页。

182. 尹利民、全文婷：“项目进村、集体债务与新时期的农民负担——基于赣北 D 村的个案分析”，《东华理工大学学报》（社会科学版）2014 年第 1 期，第 53 – 57 页。

183. 郁建兴、关爽：“从社会管控到社会治理：当代中国国家与社会关系的新进展”，《探索与争鸣》2014 年第 12 期，第 7 – 16 页。

184. 郁建兴、吴宇：“中国民间组织的兴起与国家——社会关系理论的转型”，《人文杂志》2003 年第 4 期，第 142 – 148 页。

185. 郁建兴、周俊：“中国公民社会研究的新进展”，《马克思主义与现实》2006 年第 3 期，第 36 – 45 页。

186. 于晓红、李姿姿：“当代中国社团官民二重性的制度分析——以北京市海淀区个私协会为个案”，《开放时代》2001 年第 9 期，第 90 – 96 页。

187. 原超、李妮：“地方领导小组的运作逻辑及对政府治理的影响——基于组织激励视角的分析”，《公共管理学报》2017 年第 1 期，第 27 – 37 页。

188. 岳经纶、邓智平：“依附、分立、嵌入：中国发展社会组织的三种逻辑”，《探索与争鸣》2014 年第 10 期，第 67 – 70 页。

189. 岳经纶、郭英慧:“社会服务购买中政府与 NGO 关系研究——福利多元主义视角”,《东岳论丛》2013 年第 7 期, 第 5－14 页。

190. 臧雷振、徐湘林:“理解‘专项治理’: 中国特色公共政策实践工具”,《清华大学学报》(哲学社会科学版) 2014 年第 6 期, 第 161－170 页。

191. 张紧跟:“从结构论争到行动分析: 海外中国 NGO 研究述评”,《社会》2012 年第 3 期, 第 198－223 页。

192. 张紧跟、庄文嘉:“非正式政治: 一个草根 NGO 的行动策略——以广州业主委员会联谊会筹备委员会为例”,《社会学研究》2008 年第 3 期, 第 133－150 页。

193. 张静:“国家政权建设与乡村自治单位——问题与回顾”,《开放时代》2001 年第 9 期, 第 5－13 页。

194. 张劲松、许甜甜:“论非政府组织对政府职能转移的承接”,《新视野》2012 年第 4 期, 第 71－76 页。

195. 张良:“‘项目治国’的成效与限度——以国家公共文化服务体系示范区 (项目) 为分析对象”,《人文杂志》2013 年第 1 期, 第 114－121 页。

196. 张琼文、韦克难、陈家建:“项目化运作对社区社会组织发展的影响”,《城市问题》2015 年第 11 期, 第 79－84 页。

197. 张汝立、陈书洁:“西方发达国家政府购买社会公共服务的经验和教训”,《中国行政管理》2010 年第 11 期, 第 98－102 页。

198. 张钟汝、范明林、王拓涵:“国家法团主义视域下政府与非政府组织的互动关系研究”,《社会》2009 年第 4 期, 第 167－194 页。

199. 赵秀梅:“中国 NGO 对政府的策略: 一个初步考察”,《开放时代》2004 年第 6 期, 第 5－23 页。

200. 折晓叶、陈婴婴:“项目制的分级运作机制与治理逻辑——对‘项目进村’案例的社会学分析”,《中国社会科学》2011 年第 4 期, 第 126－148 页。

201. 周飞舟:“财政资金的专项化及其问题——兼论项目治国”,《社会》2012 年第 1 期，第 1－37 页。

202. 周飞舟："从'汲取型'政权到'悬浮型'政权：税费改革对于国家和农民关系之影响"，《社会学研究》2006 年第 3 期，第 1－38 页。

203. 周飞舟："竞标赛体制"，《社会学研究》2009 年第 3 期，第 54－77 页。

204. 周飞舟："分税制十年：制度及其影响"，《中国社会科学》2006 年第 6 期，第 100－115 页。

205. 周俊："政府购买公共服务的风险及其防范"，《中国行政管理》2016 年第 6 期，第 13－18 页。

206. 周黎安："行政发包制"，《社会》2014 年第 6 期，第 1－38 页。

207. 周雪光："项目制：一个'控制权'理论视角"，《开放时代》2015 年第 2 期，第 82－102 页。

208. 周雪光："权威体制与有效治理：当代中国国家治理的制度逻辑"，《开放时代》2011 年第 10 期，第 67－85 页。

209. 周雪光、程宇译："通往集体债务之路：政府组织、社会制度与乡村中国的公共产品供给"，《公共行政评论》2012 年第 1 期，第 46－77 页。

210. 周雪光、练宏："中国政府的治理模式：一个'控制权'理论"，《社会学研究》2012 年第 5 期，第 73－75 页。

211. 朱光磊："'职责同构'批判"，《北京大学学报》（哲学社会科学版）2005 年第 1 期，第 101－112 页。

212. 朱健刚："草根 NGO 与中国公民社会的成长"，《开放时代》2004 年第 6 期，在线网址：http：//www. opentimes. cn/Abstract/729. html。

213. 朱健刚、陈安娜："嵌入中的专业社会工作与街区权力关系——对一个政府购买服务项目的个案分析"，《社会学研究》2013 年第 1 期，第 43－64 页。

214. 朱旭峰："中国社会政策变迁中的专家参与模式研究"，《社会学研究》2011 年第 2 期，第 5 页。

215. 健龙：《"不做冷漠 F 人"》，《羊城晚报》，2011 年 10 月 24 日，

http：//www. ycwb. com/news_special/2011 -10/24/content_3607942. htm。

216. 李丹丹、黄淦颖：《创新招商思维，培养发展后劲》，《珠江时报》，2015 年 5 月 18 日，http：//szb. nanhaitoday. com/zjsb/html/2015 -05/08/content_229343. htm?div = -1

217. H 街道概况，N 区 H 街道政务信息网，http：//www. guicheng. gov. cn/cms/html/2110/column_2110_1. html。

218. H 街道办事处：《F 市 N 区 H 街道经济和社会发展“十二五”规划纲要》，2010 年 10 月，http：//www. guicheng. gov. cn/cms/sites/nhgc/search. jsp。

219. 中华人民共和国财政部：《N 区财政局探索建立政府购买公共服务“N 区模型”》，http：//www. mof. gov. cn/xinwenlianbo/guangdongcaizhengxinxilianbo/201301/t20130125_730193. html。

220. H 志愿者协会官方网站：http：//www. hyy1996. org/xiangqingdh -201608091415050. html。

221. 《民政部　财政部关于政府购买社会工作服务的指导意见》，民发〔2012〕196 号。

222. 《国务院办公厅关于政府向社会力量购买服务的指导意见》，国办发〔2013〕96 号。

223. 《民政部关于进一步加快推进民办社会工作服务机构发展的意见》，民发〔2014〕80 号。

224. 《财政部　民政部关于通过政府购买服务支持社会组织培育发展的指导意见》，财综〔2016〕54 号。

225. 《民政部关于加强和改进社会组织薪酬管理的指导意见》，民发〔2016〕101 号。

226. 《民政部　财政部　国务院扶贫办关于支持社会工作专业力量参与脱贫攻坚的指导意见 》，民发〔2017〕119 号。

227. 《民政部办公厅关于印发〈培育发展社区社会组织专项行动方案（2021—2023 年）〉的通知》，民办发〔2020〕36 号。

228. 《民政部关于大力培育发展社区社会组织的意见》（2017 年），

民发〔2017〕191 号。

229.《中共广东省委　广东省人民政府关于加强社会建设的决定》，粤发〔2011〕17 号。

230.《中共广东省委　广东省人民政府印发〈关于进一步培育发展和规范管理社会组织的方案〉》，粤发〔2012〕7 号。

231.《关于印发〈关于确定具备承接政府职能转移和购买服务资质的社会组织目录的指导意见〉的通知》，粤民民〔2012〕135 号。

232.《省财政厅关于印发〈广东省省级培育发展社会组织专项资金管理暂行办法〉的通知》，粤财行〔2012〕245 号。

233.《广东省人民政府办公厅关于印发政府向社会力量购买服务暂行办法的通知》，粤府办〔2014〕33 号。

234.《中共广东省委办公厅　广东省人民政府办公厅印发〈关于改革社会组织管理制度促进社会组织健康有序发展的实施意见〉的通知》，粤办发〔2017〕14 号。

235.《广东省培育发展社区社会组织专项行动实施方案（2021—2023年）》，粤民函〔2021〕167 号。

236.《关于加快街道家庭综合服务中心建设的实施办法》，穗办〔2011〕22 号。

237.《关于进一步做好家庭综合服务中心建设工作若干问题的通知》，穗民函〔2012〕263 号。

238.《关于进一步做好政府向社会组织购买服务工作的通知》，粤财行〔2012〕227 号。

239.《广州市民办社会工作服务机构公共财政基本支持实施办法（试行）》，穗民〔2012〕271 号。

240.《广州市社工服务站（家庭综合服务中心）管理办法》，穗府办规〔2018〕13 号。

241.《广州市社会工作服务条例》，穗民规字〔2018〕24 号。

242.《广州市社工服务站（家庭综合服务中心）项目评估办法》，穗民规字〔2019〕11 号。

243.《关于进一步培育和扶持社区社会组织的实施办法》，南办发〔2011〕63号。

244.《关于建设N区“社工+义工”联动体系的意见》，南办发〔2011〕65号。

245.《F市N区人民政府购买社会组织服务办法》，南府办发〔2011〕132号。

246.《关于加快街道家庭综合服务中心建设的实施办法》，穗办发〔2011〕22号。

247.《F市N区H街道经济和社会发展“十二五”规划纲要》，2010年10月。

248.《“关爱H城”建设方案》，G工委发〔2009〕44号。

249.《创新社会治理、着力改善民生——“关爱H城”建设总结及未来五年规划》，2016年12月。

250.《H街道“关爱基金”服务项目管理办法》，桂工委办〔2015〕11号。

251.《F市N区H街道政府采购招标文件》，采购编号：GCJD2016099－0542。

252.《N区总工会推进“职工·家”服务中心创建工作实施方案》，南工字〔2012〕60号。

253.《广州市社工服务站（家庭综合服务中心）管理办法》，穗府办规〔2018〕13号。

附录

附录1：访谈提纲[①]

一、政府职能部门负责人

1. 实施“关爱H城”建设，对本部门的工作是否产生影响？部门的中心工作是否发生了变化？

2. 本部门与“关爱H城”建设中的哪个主题中心有关？部门已经开展过哪些“关爱基金”服务项目？

3. 项目确立阶段，本部门是否参加？是何种角色参加？项目实施过程中，是否有新的政策出台并给予支持？

4. 在“关爱H城”建设开展以来，对本部门的组织架构是否产生了影响？组织架构是否发生变化？

5. 在实施项目过程中，本部门与其他政府部门之间的关系是否发生了变化？是否有过合作？本部门与上级部门之间的关系是怎样的？是否较未开展之前发生了变化？

6. 项目实施中，部门与社会组织的关系是怎样的？是否有过直接的合作？

7. 除“关爱H城”建设服务项目，本部门是否开展过其他的社会服务项目？这些项目与“关爱基金”服务项目有和不同？

8. 由“关爱基金”与本部门共同出资的项目，如何处理本门与街道社

① 此处罗列的访谈提纲仅仅是访谈的主要大纲，在实际访谈过程中，会随访谈对象不同和访谈的深入而及时调整。

工委之间的关系？

二、社会组织负责人

1. 组织的主管部门是哪一级别政府部门？机构的总部在哪里？目前的注册情况是怎样的？

2. 机构法人代表是谁？背景是什么？（事业单位、公务员、政府雇员、居委会、传统社会团体——工青妇等、大学教授、社会热心人士）

3. 机构开展的服务范围包括哪些？涉及哪些服务领域？

4. 机构在 H 街道服务项目与其他地方的服务有什么不同？

5. 参与“关爱 H 城”建设的初衷是什么？后期发展是否与原来的设计相一致？

6. 项目的指导部门是政府的哪个职能部门？与机构的合作方式是怎样的？项目的指导部门是否发生过变化？对服务的开展是否产生影响？您认为这个变化的原因是什么？

7. 项目研发过程中，机构是否能够可以参与其中？

8. 项目申请中有何困难？一般会有几家机构竞标？本机构参加竞标的优势有哪些？

9. 项目开展中如何与其他政府部门进行合作？是否会同时处理政府部门的部分行政工作？

10. 项目资金如何分配？是否有自主权？活动范围和活动地域是自己决定还是由项目决定？

11. 在“关爱项目”落实过程中，最希望获得什么样的支持？得到了哪些支持？项目实施对自身的发展起到了哪些作用？

12. 项目考核方式整个服务的提供有何影响？目前的项目监督和考核方式有哪些？怎么看待这些考核方式？

13. 项目开展过程中，是否有与其他社会组织进行沟通合作？关系怎样？

三、“关爱 H 城”建设相关负责人

1. “关爱 H 城”建设的初衷是什么？关爱 H 城建设提出时，是否有考虑到区政府的要求或者政策上的支持？

2. 为何“关爱 H 城”建设要成立“督导委员会”？“督导委员会”在实际运行中涉及政府的哪些部门？

3. 社工委与“督导委员会”之间的关系是怎样的？如何界定社工委在整个“关爱 H 城”建设中的作用？

4. 政府职能部门的绩效考核是否会与“关爱 H 城”建设挂钩？为什么要挂钩？如何挂钩？

5. 与“关爱 H 城”建设相关的其他社会建设举措还有哪些？是什么关系？

6. 社工中心和七大主题中心都是事业单位性质，是出于什么样的考虑？

7. “创益中心”的管理委员会运作方式是如何确定的？

8. 社工委在统筹主题中心的过程中，如何处理与其他部门的关系？为何要将主题中心统筹到社工中心？期间出现了什么困难？

10. “关爱 H 城”建设服务项目是如何出台的？各部门在参与“关爱 H 城”建设中有何分工和协作？

11. 承接“关爱 H 城”建设的社会组织类型有哪些？

12. “关爱 H 城”建设模式与其他地方社会治理创新模式有何不同？（如通过综合服务中心开展社会服务的方式）

13. “关爱 H 城”建设服务项目的考核方式有哪些？如何对项目进行监管？

附录2：主要受访者名单

访谈编号	访谈时间	访谈对象
2015111602	2015 年 11 月 16 日	B 社工机构项目负责人
2015111701	2015 年 11 月 17 日	H 街道社工中心统筹部部长
2016061502	2016 年 6 月 15 日	H 志愿者协会原项目负责人
2016061602	2016 年 6 月 16 日	H 街道社工中心项目部干事
2016062005	2016 年 6 月 20 日	B 社工机构 N 区机构负责人
2016062102	2016 年 6 月 21 日	Y 心理咨询服务中心机构负责人
2016062203	2016 年 6 月 22 日	A 社工机构项目负责人
2016062301	2016 年 6 月 23 日	F 社工机构 N 区机构负责人
2016062801	2016 年 6 月 28 日	Q 社工机构项目负责人
2016062802	2016 年 6 月 28 日	H 街道社工中心干事
2016062901	2016 年 6 月 29 日	H 街道社工中心发展部干事
2016063002	2016 年 6 月 30 日	S 社工机构 N 区机构负责人
2016070401	2016 年 7 月 4 日	H 街道社会工作委员会副主任
2016070501	2016 年 7 月 5 日	H 街道总工会副主席
2016070601	2016 年 7 月 6 日	H 街道经济促进局工作人员
2016070602	2016 年 7 月 6 日	H 街道司法所工作人员
2016070802	2016 年 7 月 8 日	H 街道社工中心项目部部长
2016070803	2016 年 7 月 8 日	Y 心理咨询服务中心项目社工
2016071401	2016 年 7 月 14 日	H 街道社工中心综合部干事
2016071402	2016 年 7 月 14 日	H 街道总工会主席（社工委主任）
2016071502	2016 年 7 月 15 日	H 街道党工委委员
2016072801	2016 年 7 月 28 日	H 街道社工中心综合部干事
2016080901	2016 年 8 月 9 日	H 街道社工中心发展部干事
2016081101	2016 年 8 月 11 日	H 街道社工中心干事
2016081102	2016 年 8 月 11 日	B 社工机构 Z 项目负责人
2016081601	2016 年 8 月 16 日	H 街道社工中心统筹部部长

续表

访谈编号	访谈时间	访谈对象
2016081802	2016 年 8 月 18 日	H 街道 L 社区居委工作人员
2016083101	2016 年 8 月 31 日	N 区人民医院团委书记
2017012401	2017 年 1 月 24 日	H 志愿者协会项目负责人
2017012402	2017 年 1 月 24 日	H 志愿者协会理事长
2017020501	2017 年 2 月 5 日	B 社工机构项目负责人
2017020801	2017 年 2 月 8 日	H 街道社工中心干事

后　　记

党的十九大报告明确指出，我国社会的主要矛盾已经转化为“人民日益增长的美好生活需要和不平衡不充分的发展之间的矛盾”。如何有效回应新需求、解决新矛盾是摆在执政者面前的新课题。为此，十九大报告提出，“要建立共建共治共享的社会治理格局，提高社会治理的社会化、法治化、智能化和专业化水平”。其中社会治理的社会化要求政府调整与社会关系，逐步将社会治理事务的职能通过购买服务的方式交由社会力量承担。党的十九届五中全会进一步要求“加强和创新社会治理、构建社会组织协同体制”。因此，通过向社会组织购买社会服务项目而进行社会建设已经成为现阶段我国各级政府治理创新的重要手段之一。基层政府通过项目形式突破了原有科层体制的碎片化障碍，社会服务的供给由单位制向项目制转变。然而，项目作为一种市场化手段，在基层社会服务供给过程中并未始终呈现出契约化特点。通过经验观察发现，政府在引进社会服务项目过程中，有时采用市场化手段，有时则倾向于延续科层机制。在不同的项目类型中，基层政府呈现出差异化的行为逻辑，社会组织也并非完全配合政府的行动策略，呈现出策略性的与基层政府进行合作的特点。总体而言，社会服务项目制运作下的基层政府与社会组织呈现出科层与市场互嵌的行为逻辑。

那么，社会服务项目制究竟是如何产生并运作的？为何在项目运作中基层政府与社会组织会呈现出差异化的行为逻辑？已有关于项目制的研究虽然强调项目制是介于科层制（官僚制、雇用制、常规制）与市场制（发包制）之间的一种混合形态，但关于政府何时使用科层逻辑、何时使用市场逻辑以及这种逻辑对社会组织的行为逻辑产生了何种影响，并没有给出系统的解释。且项目制早已溢出财政领域，成为基层政府社会治理领域一个重要制度现象，项目制的解释逻辑也应该跳出上下级政府的纵向解释框架转而兼顾政府与社会组织的横向解释框架。此外，已有关于政府购买服务中政社关系的研究虽然呈现了在某个特定环境下政府与社会组织的行为策略或关系形态，但对双方在不同环境下的行为差异和造成这种差异的原因分析不足。

本书从社会服务项目制视角出发，围绕“介于科层与市场之间的社会服务项目制是如何产生的?”“社会服务项目制与财政领域的项目制有何区别?”“何种情况下基层政府呈现出科层化逻辑？何种情况下又偏向于合同化逻辑？何种情况下又呈现出科层与市场互嵌的逻辑?”“基层政府在这种互嵌中表现出了何种行动策略，社会组织对此又采取了何种应对措施?”“科层、市场或互嵌的行为逻辑会对政府与社会组织各自产生何种影响?”几个核心问题，建构了社会服务项目制的分析框架：社会服务项目制运行中的激励与控制程度影响了政府和社会组织在项目运行中的行为逻辑，即社会服务项目的目标一致性、资源依赖度、监管嵌入性强弱及其不同组合造成了政府游走于科层与市场之间的行动策略，社会组织对此则进行策略性合作。本书选取F市N区H街道社会治理创新项目为分析单位，通过对H街道四种不同类型的社会服务项目进行了多案例分析。本书试图呈现中国场景下社会服务项目制的运作逻辑，以此来寻求政府购买服务在社会治理和社会服务供给中的积极作用，并对社会建设中的技术理性问题进行反思。

感谢H街道办事处党工委、各职能部门、社工中心的所有工作人员对我调研工作的帮助和支持。感谢中国财政经济出版社吕小军主任和她的团队为本书出版所付出的辛劳与努力。感谢家人的鼓励与支持。

贾晶晶于广州大学城

2021年6月12日